KB216047

# 교회개혁과 회복의 역사

체코, 독일, 스위스, 이탈리아

# 교회개혁과 회복의 역사

## 체코, 독일, 스위스, 이탈리아

초판 1쇄 발행　2023년 8월 30일

**글쓴이**　신동식
**사진**　고목선

**펴낸이**　신덕례
**편집**　권혜영
**교열교정**　허우주
**디자인**　토라디자인(010-9492-3951)
**펴낸곳**　우리시대
**유통**　기독교출판유통

ISBN　979-11-85972-57-2　03230
**가격**　20,000원

## 감 사 한 분 들

"성광교회 유관재 목사(기침), 화은교회 정희진 목사(합동)와 예심교회 조춘일 목사(백석), 거룩한빛광성교회 정성진 은퇴 목사(통합), 추모공원 하늘문 회장 주은형 장로, 감초한의원 이사장 김춘수 장로, 고목선의 모든 회원들의 도움과 섬김에 감사를 드립니다."

# 내가 누구인가, 나는 지금 어디에 있는가

유관재 목사

(성광침례교회, 기독교한국침례회 전 총회장, 진행위원장)

우리 인생에는 중요한 두 가지 질문이 있어야 한다고 생각합니다. 첫 번째는 '나는 누구인가?'이고 두 번째는 '나는 지금 어디에 있는가?'입니다. 그 해답을 우리는 성경에서 찾을 수 있습니다. 그 성경에서 주는 답은 역사 속에서 언제나 증명이 됩니다.

그러기에 역사를 아는 것이 중요합니다. 역사를 알아야 내가 누구인지, 내가 어디 있는지를 알 수 있습니다. 역사를 제대로 알면 반성과 개선을 할 수 있습니다. 역사를 알면 앞으로의 미래도 전망할 수 있습니다.

'교회개혁과 회복의 역사'를 통해서 신동식 목사님은 우리가 그러한 삶을 살 수 있도록 인도합니다. 앞선 신앙 선배들의 발자취와 흔적을 현장 속에서 따라가며 내가 누구인지, 내가 어디에 있는지를 제대로 보여줍니다. 그리고 우리의 앞길을 조망합니다.

이런 책이 나올 수 있는 것이 너무 반갑고 감사합니다. 소개하고 추천할 수 있는 책이라서 반갑고 감사합니다. 신동식 목사님은 열정의 사람입니다. 가슴에 거룩한 갈망이 담겨져 있습니다. 이 열정과 거룩한 갈망이 이 책을 읽는 사람 모두의 마음에 담겨지기를 기도합니다.

# 교회 개혁과 회복의 역사

장영학 목사

(책향기교회, 고목선 단장, 한국교회역사자료박물관 관장)

고양시목회자축구선교단(고목선)은 축구로 다져진 건강으로 전세계 선교현장을 다니며 축구 선교를 하는 모임이다. 1996년 창단하여 활동하기 시작했으며 2001년 일본을 시작으로 축구선교를 시작하여 23년 동안 동남아 지역을 선교하였으며 이스라엘을 비롯한 성지와 종교개혁지를 탐방하는 일도 하였다. 국내에서도 주로 군선교를 하였으며 해외에서는 무슬림과 불교도들이 많은 동남아에서 축구를 통해 지역 주민들에게 복음 전하는 일을 하였다. 특히 인도네시아 깔리만탄의 팔랑까라야 지역에서는 주민들을 동원하여 동네 공설운동장에서 지역대표팀과 친선경기를 하면서 지역 선교사와 현지인 목회자들의 사역에 힘을 보태는 엄청난 사역을 하였다. 인도네시아에서는 현지 주민 5천 명이 사는 도시에서 처음으로 열리는 국제 경기를 구경하기 위해 천여 명 이상이 모여서 축구를 관람하였다. 우리의 선교 축구는 충분히 선교적 사명을 감당하기에 좋았으며 전반전 끝난 후 인사 시간에는 복음과 함께 현지 교회의 존재감을 알렸으며 현지인과 현지 언론의 반응도 좋았다.

이번에 회원들의 종교개혁지 역사 탐방은 목회자들의 영성을 회복하는 최고의 기회였다. 체코 프라하의 얀 후스의 발자취, 독일의 루터의 발자취, 제네바의 칼빈의 발자취 그리고 기독교의 부흥의 출발지 로마의 현재를 살펴보면서 우리들의 거룩한 영성을 새롭게 하기에 너무 좋았다. 특히 비텐베르크 교회, 바르트부르크 성, 생피에르 교회의 탐방에서는 감격스러운 눈물이 흐를 정도였으며 회원들의 감동도 넘쳤다. 그런데 이런 11박 12일의 일정이 책으로 편찬되어 글과 사진으로 된 "종교개혁지 역사탐방書"가 편찬되어 더욱 은혜롭다. 지금까지 수많은 성지와 종교개혁지 화보집과 탐방서들을 보았지만 이렇게 멋있고 알차고 개혁신학적인 감성이 스민 책은 처음이다.

집필한 신동식 목사의 탁월한 솜씨와 멋있는 사진들은 독자들에게 큰 감동을 주기에 충분하기에 모든 목회자에게 감히 일독을 권한다. 앞으로 우리의 선교 역사 탐방은 계속될 것이다. 전 세계를 우리의 선교지로 삼고 축구 선교와 교회역사 탐방을 통하여 거룩한 영성이 충만하여 회원들 교회와 한국교회에 새로운 부흥의 역사가 일어나기를 바라게 된다.

지금도 거룩한 땅인 교회 역사 사적지에는 앞서간 개혁자들과 믿음의 선진들의 거룩한 영성이 스며있고 그 땅을 밟는 순간에 주시는 거룩한 감동은 목회에 새로운 활력을 주고 있다.

# 종교개혁자들의 마음과 삶이 전달되기를 소원하며

정희진 목사

(화은교회, 고목선 전임단장, 준비위원장)

고양시에 들어와서 교회를 개척하고 섬긴 지 만 27년이 넘었다. 강산이 변하고 변하는 가운데 좋은 만남이 있었는데 고양시목회자축구선교단이다. 교파와 교단을 초월해서 축구를 좋아하고, 운동하려고 하는 사람들이 모여서 시작한 모임이다. 축구를 하면서 선교에 꿈을 갖고 여러 나라를 방문하면서 선교사들을 위로하고 그 지역에 있는 선교사들이나 현지인들과 축구를 하면서 하나님의 사랑을 심고 하나님나라를 세워왔다.

그러는 와중에 목회를 조금 더 잘하고 싶은 마음에 성지에 대한 꿈을 갖고 기도하면서 1차 이스라엘과 요르단, 2차 튀르키예와 그리스, 이탈리아 로마를 다녀왔다. 예수님의 발자취를 따라 사도들의 흔적을 느끼며 다닌 이스라엘과 요르단, 사도 바울의 발자취를 따라 다닌 튀르키예와 그리스 그리고 로마! 이곳을 다니면서 복음에 대한 열정을 키웠고, 하나님이 원하시는 삶을 살겠다고 다짐을 했다. 그러다가 종교개혁자들의 숨결이 있는 지역을 탐방하기를 원해서 이번에 3차로 세 분의 사모와 19명의 목회자들이 기도하면서 종교개혁지를 탐방하고 돌아왔다. 체코의 수도 프라하광장에 세워진 얀 후스의 동상을 보면서 가슴이 찡해졌고 그가 뿌려놓은 복음의 씨앗이 이곳에서 어떻게 열매를 거두었는지 감동이 계속되었다. 독일의 가는 곳마다 마르틴 루터, 스위스의 가는 곳마다 존 칼빈과 같은 개혁자들의 숨결을 느끼면서 눈시울을 적셨다.

이 감동을 한국교회와 목회자들 그리고 섬기는 교회 성도들과 조금이라도 같이 나누고자 하는 거룩한 욕심이 생겼다. 그래서 분량은 많지 않지만, 교회개혁과 회복의 역사라는 제목으로 책을 내놓게 되었다. 책을 집필한 신동식 목사님의 노고에 감사를 드린다. 꼼꼼하게 살피고 역사적 상황들을 잘 기록하였다. 이 책은 목회자들뿐 아니라 성도들의 교회 이해에도 많은 도움이 될 것이다. 어렵지 않고 쉽게 쓰인 이 책이 많은 이들에게 좋은 선물이 될 것을 의심하지 않는다. 이 책을 읽는 분들에게 하나님 나라와 복음의 열정을 가진 종교개혁자들의 마음과 삶이 전달되기를 소원하며, 다시 오실 예수 그리스도를 바라보며 후회 없는 삶으로 완주하기를 기도하면서 이 책을 추천한다. 하나님께 영광!!!

# 교회 개혁과 회복의 역사

김영기 목사

(예향교회, 고목선 전임 단장, 종교개혁지 탐사 디렉터)

먼저 귀한 역사를 이루어 가시는 하나님께 진심으로 감사드립니다. 어느덧 벌써 3차례에 걸쳐서 우리 고양시목회자축구선교단(고목선)에서는 목회자들의 염원 중 하나인 성지 탐방을 다녀오게 되었습니다. 1차는 2016년 3월에 이스라엘, 요르단 탐방을 다녀왔고, 2차는 2018년 4월에 튀르키예, 그리스와 로마를 다녀왔고 3차는 2023년 4월에 체코, 독일, 스위스와 이탈리아를 23명이 다녀올 수 있었습니다. 세 차례의 탐방을 준비하면서 주의 말씀이 생각이 났습니다. "너희 안에서 행하시는 이는 하나님이시니 자기의 기쁘신 뜻을 위하여 너희에게 소원을 두고 행하게 하시나니"(빌 2:13). 작은 교회 목회자를 위해서 도움을 줄 수 있다는 저에게는 이런 믿음과 확신이 있었습니다.

이 일을 진행하며 이루어 갈 수 있었던 이유는 우리 고목선이란 단체에 좋은 동역자들이 있었기 때문입니다. 교단을 초월하여 작은 교회 목회자들에게 위로와 큰 기쁨을 줄 수 있었던 이유는 우리 고목선 회원들의 섬김이 있었기 때문입니다. 모든 분께 진심으로 감사드립니다.

종교개혁 탐사를 준비하면서 많은 분의 도움을 받았습니다. 정성진  목사님, 유관재 목사님, 정희진 목사님, 조춘일 목사님, 주은형 장로님, 김춘수 장로님 그리고 고목선의 모든 회원께 참으로 감사합니다. 또한 위원장이신 유관재 목사님께서 코로나19로 인하여 힘들게 목회 현장에서 교회를 섬겨왔던 목회자들에게 물심양면으로 후원해 주시고, 직접 가이드하면서 하나라도 더 목회에 도움이 되도록 설명해 주시고, 손수 간식까지 트렁크 가방에 한가득 준비해 오셔서 섬겨주셨던 그 모습을 잊을 수 없습니다. 큰 위로를 받았습니다.

짧은 두 주간의 시간이 너무나 감사하였습니다. 그렇게 추억으로 끝날 것 같았는데 이러한 감동을 잊지 않도록 신동식 목사님께서 탐사 기록을 남겨 주셨습니다. 쉽지 않은 일이지만, 신 목사님의 귀한 작업을 통하여 한 권의 책이 나올 수 있게 되었습니다. 눈으로 보고 발로 걸었던 역사의 현장이 눈앞에 다시 펼쳐지는 것 같습니다. 이 책을 통해서 교회 역사 가운데 일하신 하나님의 은혜와 감동을 함께 나누게 되기를 바랍니다. 또한 종교개혁지 탐방을 계획하며 준비하는 교회와 목회자들에게 도움 되기를 소망하면서 적극적으로 추천합니다.

# 서문

참으로 유익한 시간이었습니다. 글로만 보았던 교회개혁의 현장을 이번에 눈으로 보고 발로 밟고 손으로 만져보았습니다. 잘 들어오지도 않았던 이름이 가깝게 들렸습니다. 종교개혁지를 온몸으로 마주하는 것은 분명 감동이었습니다. 로마 가톨릭의 왜곡된 신앙에서 성경으로 바르게 회복하고, 부패한 교회를 개혁하고자 하였던 선배들의 삶을 가까이에서 느꼈던 시간이었습니다.

쉽게 갈 수 있는 곳은 아니기에 늘 책과 사진으로만 보았던 그 장소를 발로 서서, 손으로 만지고, 눈으로 보았던 시간은 잊을 수 없습니다. 주님의 교회가 어떻게 세워졌고, 세워지고 있는지 가슴을 뜨겁게 하고 동시에 성찰하는 시간을 가졌습니다. 특별히 주일에 제네바 바스티옹 공원에서의 예배와 생 피에르 교회의 예배는 심장을 두드리기에 부족함이 없었습니다.

500년이 넘는 시간 동안 선배의 신앙을 따라서 주님을 맞이하고 있는 후배들의 모습에 감동하였고, 주님 맞이하는 교회로 준비하기 위해 무엇을 해야 하는지를 가슴에 새겼습니다.
이번에는 16세기의 대륙의 현장을 보았습니다. 그러나 교회개혁과 회복의 역사는 17세기에 절정을 이룹니다. "용서하되 잊지는 말자"고 외쳤던 발도파와 위그노들의 현장인 북부 프랑스와 북부 이탈리아 피에몬테 계곡이 있습니다. 그리고 도버 해협을 건너 스코틀랜드의 언약도와 잉글랜드의 청교도가 있습니다. 거기에도 교회 회복과 개혁을 위한 선배들의 순교의 현장이 있습니다.

이번 책은 탐방기의 방식으로 기록하였습니다. 그러면서도 역사적으로 기억할 내용들을 짧게 서술하였습니다. 탐방의 목적과 교회 회복과 개혁의 역사를 함께 기억하는 책이 되고자 하였습니다. 그래서 작아도 탐방과 종교개혁을 가르치는 일에 있어서 유익한 가이드가 되도록 하였습니다.

16세기의 현장을 보면서 21세기의 오늘을 다시 돌아보게 하신 하나님께 감사를 드립니다. 그리고 이 귀한 여행을 위하여 섬겨주신 많은 분에게 감사하지 않을 수 없습니다. 함께하였던 고목선 회원들의 헌신과 배려와 섬김은 너무나 아름다웠습니다. 여행의 즐거움이 배가 되었습니다. 고목선 회원들의 사진과 유관재 목사님의 가이드가 많은 도움이 되었습니다. 앞으로 어떤 일이 일어날지 모르지만, 내가 서 있는 곳이 거룩한 장소임을 알기에 지금 이곳에서 최선을 다합니다.

2023년 7월 25일

소명의 땅 주교동에서 신동식 목사

### ※ 캡션

캡션은 본문의 사진 설명입니다.

설명은 상하, 좌우의 순서대로 기술합니다.

| • 본문 왼쪽 이미지 설명 | • 본문 오른쪽 이미지 설명 |
| --- | --- |

# 교회개혁과 회복의 역사

체코, 독일, 스위스, 이탈리아

# 1
## 프라하
# 기대감과 성찰의 시간

정말 귀한 손길을 통하여 종교개혁의 현장을 찾을 수 있었습니다. 그동안 책을 보고 가슴에 품었던 역사의 현장을 본다는 것은 참으로 흥분된 시간이었습니다. 한국에서 독일까지 그리고 다시 체코까지 가는 여정은 참으로 긴 시간이었습니다.

이 탐방은 고양시 목회자 축구선교단(고목선)이 주최하였습니다. 특별히 이번 여행은 작은 교회를 섬기는

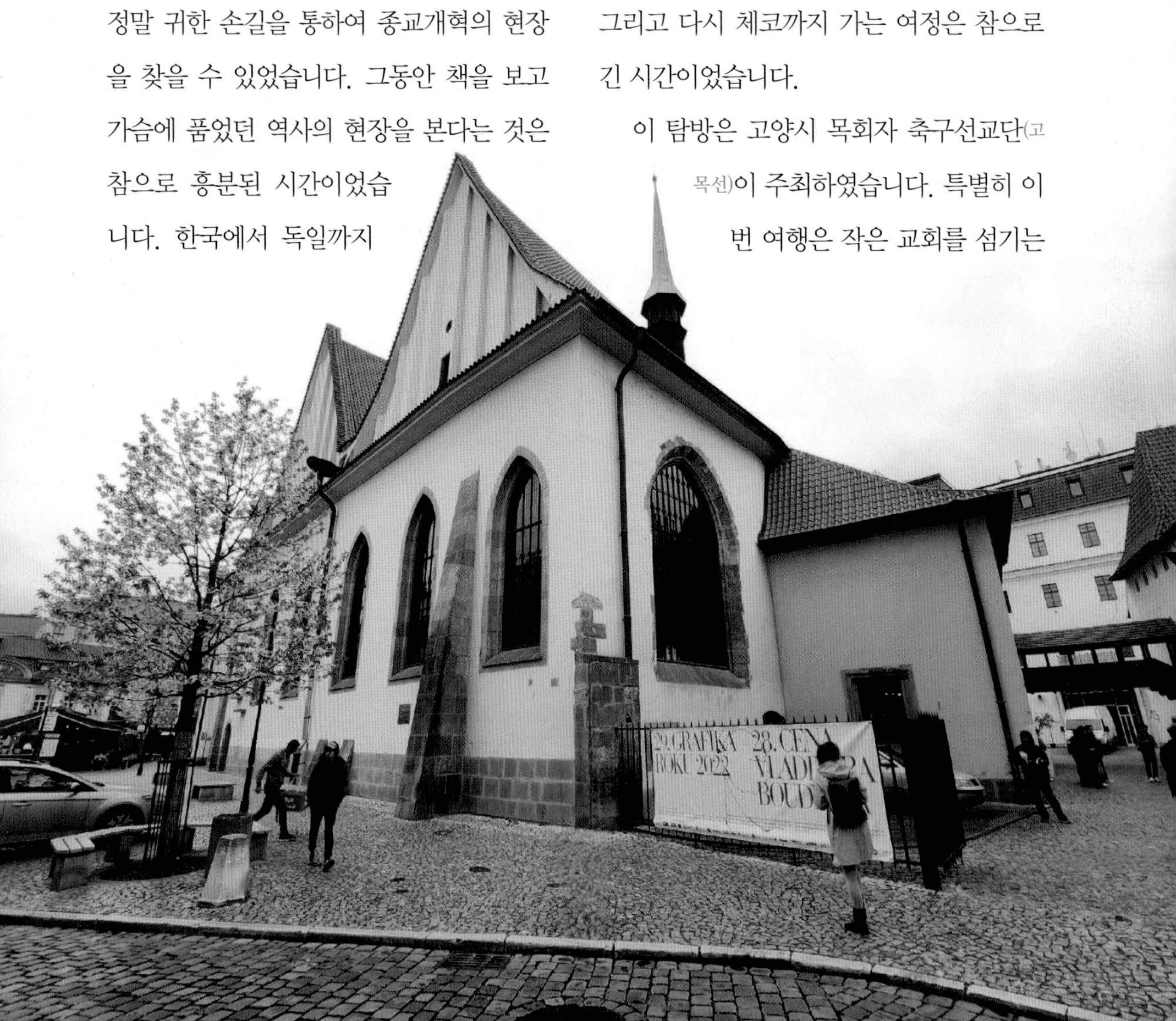

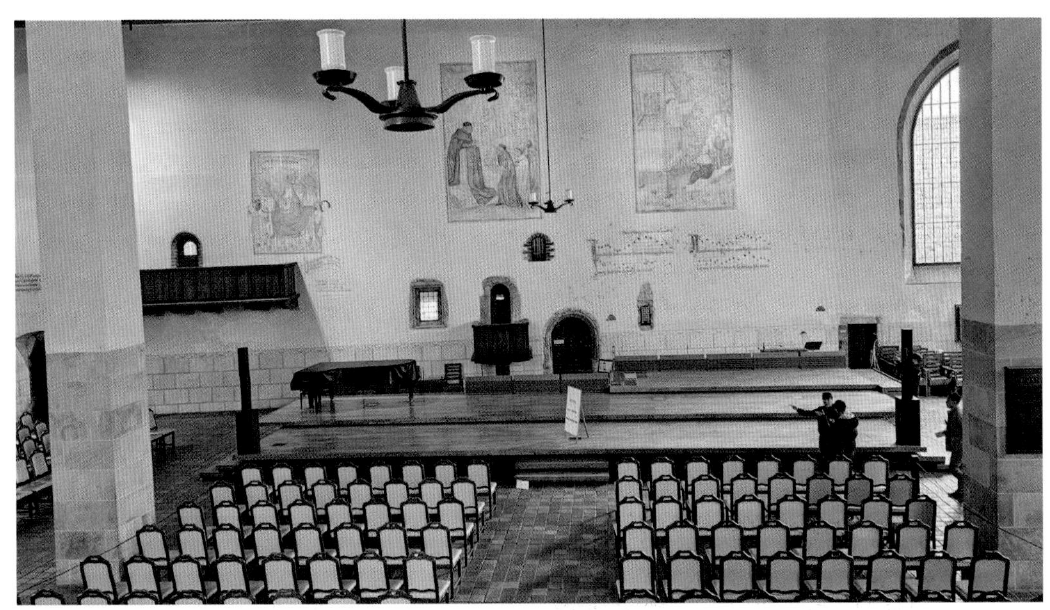

초교파 중형교회들의 섬김이 매우 컸습니다. 이들의 섬김은 벌써 세 번째가 됩니다. 얼마나 감사한지 모릅니다. 작은 교회 목사들에게 벅찬 일인데 귀한 섬김으로 이뤄졌습니다. 그중에 유관재 목사(성광교회, 침례회), 정희진 목사(화은교회, 장로회), 장영학 목사(책향기교회, 장로회), 김영기 목사(예향교회, 하나님의성회) 등의 헌신과 수고는 지역의 연합이 보여주는 아름다운 모습이라 할 수 있습니다. 작은 교회 중년 목회자들에게 참으로 귀하고 뜻깊은 시간이었습니다.

이번 탐방은 체코, 독일, 스위스, 로마에 이르는 긴 여정입니다. 그래서 많은 시간을 한 곳에서 보낼 수 없는 아쉬움은 있지만 역사의 현장을 보고 듣고 걷고 생각할 수 있음이 얼마나 고마운지 모릅니다.

첫날 아침부터 역사의 충돌이 있었습니다. 아침 산책을 하는데 부산에서 오신 두 분을 길가에서 만났습니다. 두 사람은 반갑게 인사하면서 성지순례 왔느냐고 물었습니다. 그래서 우리는 종교개혁 탐방하러 왔다고 하였습니다. 그러자 본인들은 천주교 신자라고 말하는 것입니다. 그리고 서로 침묵이 흘렀습니다. 잠시 후 잘 지내라는 말로 인사하고 헤어졌습니다. 역사의 현장이 어떻게 진행될지 기대되는 순간이었습니다. 그렇게 시작되었습니다.

• 배들레헴교회 • 배들레헴교회 내부

체코의 프라하는 아름답고 아기자기하였습니다. 중세의 모든 역사를 담고 있었습니다. 현대사에서 프라하의 봄이라는 민주화 운동이 있었던 도시입니다. 하지만 15세기 얀 후스(1370경~ 1415년)의 교회 개혁이 그 뿌리라고 생각합니다.

후스가 설교하고 교회 개혁을 하였던 베들레헴 교회는 첫 번째 방문하였던 체코의 로마 가톨릭 성 비투스 성당의 모습과는 전혀 다르게 단순하고 강단 중심의 모습이었습니다. 후스가 성경을 읽고 깨달은 것은 검소한 삶이었습니다. 자발적 불편이라고 할 수 있습니다.

> "나는 자신의 악한 욕망 때문에 어렸을 때 빨리 사제가 되어 좋은 집에 살며 화려한 옷을 입고 사람들의 존경을 받으려고 했다. 그러나 성경을 알게 되면서 그것이 악한 욕망임을 알았다."
>
> 토마시 부타, 『체코 종교개혁자 얀 후스를 만나다』, 이종실 역[서울: 동연, 2016], 22.

그 모습을 이 교회와 그리고 후스의 신앙을 따르는 후스파 형제교회와 타보르 성도들의 모습에서 볼 수 있습니다.

그러나 역사는 홀로 생겨나지 않습니다. 후스는 영국의 존 위클리프와 그의 동역자들인 롤라드파에게 영향을 받았습니다. 그리고 위클리프는 후스와 함께 콘스탄츠 공의회에서 사형 선고를 받습니다. 위클리프는 1384년에 죽었지만, 콘스탄츠 공의회(1414-1418년)에서 후스와 함께 부관참시를 하였습니다.

위클리프 역시 14세기를 살았지만(1320경-1384년), 개혁의 역사 시작이 아니었습니다. 12세기에 발도파(왈도파)가 교회 개혁을 부르짖었습니다. 발도와 함께하였던 동지

• 베들레헴교회 얀 후스 박물관
• 얀 후스의 설교단
• 세계에서 가장 큰 시계
• 비투스 성당

들이 카타리파 성도였습니다. 이들의 고백은 오직 성경이었습니다. 그러나 로마 가톨릭은 이들을 잔인하게 죽였습니다. 13세기에 알비 십자군이 있었습니다. 이들의 목적은 성경을 믿는 카타리파 성도들을 색출하여 죽이는 일입니다. 카타리파, 보고밀파, 바울파 등 성도들은 6세기 이후에 성경적 믿음을 지키다가 순교당한 성도였습니다. 그 가운데는 발도와 피렌체의 순교자인 지롤라모 사보나롤라도 있습니다.

이러한 역사의 불은 위클리프와 롤라드파, 후스와 형제교회 성도들과 타보르 성도들에게 큰 영향을 주었습니다. 그리고 하나님께서 준비시킨 기욤 파렐이 있었습니다. 파렐은 프랑스의 지도자였습니다. 뇌샤텔에서 사역하였던 그를 통하여 루터와 칼빈

이 연결됩니다.

얀 후스의 신앙은 화석화되지 않고 파렐과 루터와 칼빈에게로 이어집니다. 개혁과 회복의 물길은 막을 수 없습니다. 시작이 어렵지만 결과는 영광입니다.

> "우리 중에 누구든지 자기를 위하여 사는 자가 없고 자기를 위하여 죽는 자도 없도다 우리가 살아도 주를 위하여 살고 죽어도 주를 위하여 죽나니 그러므로 사나 죽으나 우리가 주의 것이로다"(롬 14:7-8)

프라하는 신앙의 숨결뿐 아니라 그 자체로 아름다운 도시입니다. 그러나 아름다움 이면에는 믿음의 이야기들이 숨겨져 있습니다. 프라하 성에서 바라보는 도시뿐 아니라 곳곳에 숨겨진 보물들이 참 재미있습니다. 프라하 성에서 내려오는 길에는 실존주의 소설가인 프란츠 카프카가 소설을 집필한 집도 있습니다. 베들레헴 교회 가는 길에는 정신분석학자인 지그문트 프로이트가 허공에 매달려 있습니다. 소소한 즐거움과 믿음의 큰 줄기가 있는 체코 프라하입니다.

프라하의 명물은 카렐 다리입니다. 이 다리의 아름다움은 멋집니다. 그런데 얀 후스의 순교 기념 집회가 열린 곳이기도 합니다. 구 시가지에는 세계에서 가장 큰 천문시계 탑이 있고 그 옆에는 얀 후스의 동상이 있습니다. 동상 오른편에는 틴 교회가 우뚝 서 있습니다. 틴 교회는 얀 후스의 개혁을 가장 먼저 지지하고 동참하였습니다.

**옥의 티 :** 프라하의 기쁨은 분명하였습니다. 다만 가이드의 설명에 마음이 씁쓸한 부분이 있었습니다. 그것은 면죄부에 대한 내용입니다. 가이드는 연신 면죄부가 아니고 면벌부라고 말하는 것입니다. 거기에 지금도 면죄부라고 하느냐고 하였습니다.

면벌부는 루터의 개혁을 희석화시키려는 로마 가톨릭의 시각입니다. 한국 로마 가톨릭은 오랫동안 용어수정을 건의하였습니다. 그리고 일부 교과서에서 수정되기도 하였습니다.

하지만 면벌부가 아니라 면죄부인 이유는 루터가 말한 이신칭의 개념에서 이해해야 합니다. 구원은 오직 믿음으로 얻습니다. 하나님 나라는 믿음으로 소유하게 됩니다. 이때 믿음은 죄와 관련되어 있습니다. 죄인의 구원은 죄 사함입니다. 죄는 죽음에 이르는 형벌을 받습니다. 형벌은 죄의 결과입니다. 그런데 형벌을 용서하는 것이지 죄를 용서하는 것이 아니라고 하는 말은 합당하지 않습니다. 죄가 부정적인 의미가 있어서 벌로 용어를 바꾼다고 의미가 사라지는 것은 아니지만 그 속내는 루터가 오해하였다는 생각을 가지게 하여 종교개혁을 무시하고자 하는 속셈이 있습니다. 실제로 그러한 글을 보게 됩니다.

•얀 후스 동상

•얀 후스의 초상화
•얀 후스 동판

유럽 여행객 가운데 로마 가톨릭 신자들이 많습니다. 이들은 웅장한 성당을 돌아보면서 자부심이 컸을 것입니다. 이렇게 많은 로마 가톨릭 신자들을 가이드들이 대부분 이들을 안내하였을 것입니다. 그리고 면죄부가 아니라 면벌부라는 단어를 자연스럽게 썼을 것입니다. 그런데 종교개혁 탐방 일행들에게 아무 생각 없이 말하는 모습이 옥의 티였습니다. 신앙인이 아닌 가이드였기에 그러하였다고 생각합니다.

다시금 정리하면서 강조하는 것은 루터는 분명하게 구원의 문제를 다뤘기에 면죄부라고 하였으며 이에 대한 95개조의 질의를 하였던 것입니다. 옥의 티가 있지만 우뚝 솟은 후스와 베들레헴 교회가 있기에 감사하였습니다. 그래서인지 비텐베르크가 기다려집니다.

•후스 동상과 틴 교회

•비텐베르크 광장의 루터와 멜란히톤

# 2
비텐베르크

# 개혁과 회복의 심장

체코 프라하를 떠나 독일 비텐베르크로 향했습니다. 비텐베르크로 가는 내내 가슴이 또 뛰기 시작했습니다. 올해 수요 제자반이 루터의 저작선을 공부하고 있었기에 더욱 기대가 되었습니다.

긴 시간을 걸려 도착한 곳은 비텐베르크가 아니었습니다. 둘째 날 여정을 푼 곳은 독일의 할레였습니다. 생각지 못했던 곳에서 쉬게 되었습니다.

이곳은 독일 경건주의 운동의 산실인 할레 대학이 있는 곳입니다. 필리프 야코프 슈페너가 할레 대학을 설립(1694년)하였습니

다.

그리고 친첸도르프 백작과 프랑케가 이곳에서 공부하면서 교제합니다. 그리고 후에 얀 후스를 따르던 체코의 형제교회 모라비안 성도들과 함께 세계선교를 위하여 기도하는 전초기지가 됩니다.

후스를 따르던 체코 모라비아 지역의 형제교회 성도들이 박해를 피해 유랑하다가 친첸도르프 백작을 만남으로 독일의 헤른후트에서 공동체를 형성합니다. 이곳은 방문하

• 할레
• 비텐베르크 전경
• 비텐베르크 교회

지 못했지만 멀지 않은 곳에 있습니다. 헤른후트는 지금까지 선교를 위해 기도하는 공동체입니다. 18세기에 존 웨슬리가 선교 여행 중 이들을 만나서 큰 도전을 받고 오늘날 감리교, 성결교, 나사렛 교단의 뿌리가 됩니다. 그 지역에서 하룻밤 머물면서 역사를 움직이시는 하나님의 손길을 생각했습니다.

아침 일찍 일어나 이곳이 할레임을 담아봅니다. 그리고 목적지인 비텐베르크로 갑니다. 할레에서 가까운 곳에 비텐베르크가 있습니다.

두근거리는 마음으로 준비를 하였습니다. 도착하였다는 말에 너무 흥분이 되었습니다. 개혁의 현장을 보게 된다는 것에 가슴이 뛰고 발이 바빠졌습니다. 하나라도 더 보고 싶었습니다.

비텐베르크는 우연히 존재한 것이 아닙니다. 16세기는 15세기의 산물입니다. 서서히

FRIDERICVS · GVILELMVS · IV · REX · PORTAM
IN · QVA · MARTINVS · LVTHERVS · A · DOM · MDXVII
M · OCTOBR · D · XXXI · INDVLGENTIIS · ROMANIS
IMPVGNANDIS · THESES · AFFIXIT · LXXXXV
REFORMATIONIS · SACRORVM · PRAENVNTIAS
INCENDIO · VASTATAM · REFECIT · SIGNIS · EXORNAVIT
VALVAS · EX · AERE · FIERI · ATQVE · ILLAS · THESES
INSCRIBI · IVSSIT · A · DOM · MDCCCLVII

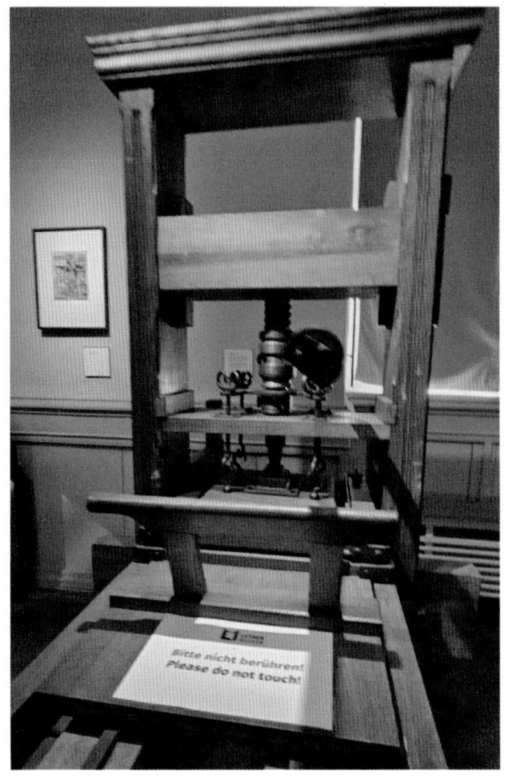

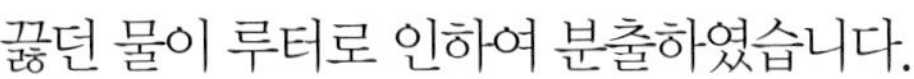

끓던 물이 루터로 인하여 분출하였습니다.

15세기의 베설 한스포르트(베셀 간스포트)는 이미 루터가 말한 것을 다 가르쳤습니다.

"내가 그의 저서를 좀더 빨리 읽었다면 내 원수들은 내가 그에게서 모든 것을 가져왔다고 했을 것이다."(루터)

에라스무스는 말하기를 "베설은 루터가 가르치고 있는 모든 것을 이미 가르쳤다"고 말하였습니다. 이렇게 종교개혁의 아침은 다

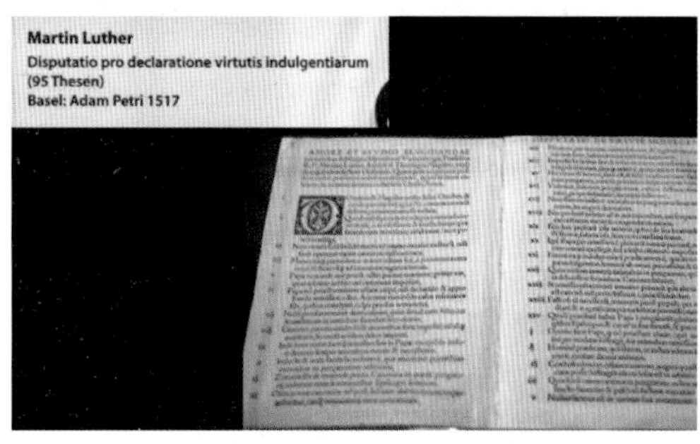


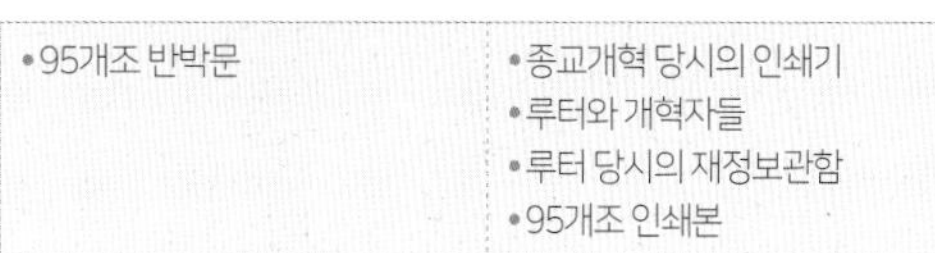

• 95개조 반박문

• 종교개혁 당시의 인쇄기
• 루터와 개혁자들
• 루터 당시의 재정보관함
• 95개조 인쇄본

가오고 있었습니다.

하나님은 이러한 준비과정을 통하여 마르틴 루터를 사용하셨습니다. 그리고 마침내 교회 개혁을 이뤄냈습니다.

그 장소인 비텐베르크 교회당 정문에 붙은 95개조 반박문은 가슴을 뜨겁게 하였습니다. 그리고 주변을 보면서 성찰의 시간을 가졌습니다.

루터는 로마의 베드로 성당을 짓기 위하여 면죄부를 판매하는 테첼의 이야기를 비롯하여 연옥과 고해성사 등 성경에 없는 내용에 대하여 질문을 던집니다. 테첼은 면죄부에 대하여 다음과 같이 주장하였습니다.

> "우리 주 예수 그리스도께서 너희에게
> 자비를 베푸시고 주님의 성스러운 순교로
> 너희를 용서해 주시기를 기원합니다.
> 그리고 나는 그리스도의 사도인 베드로와
> 바울 그리고 신성한 교황의 권능에 따라
> 교회로부터 모든 죄를 면제해 주노라."

루터는 이에 대하여 95개조의 내용 가운데 반박하고 답을 기다립니다.

6. 교황은 어떠한 죄도 용서할 수 없다.

오직 하나님에 의해 용서되었다는 것을 선언하고 확인할 수 있을 뿐이다. 그리고 분명히 그는 자기 자신을 위해 남겨진 사건들을 넘길 수 있다. 누군가 그것들을 경멸한다면, 죄책감은 남게 될 것이다.

21. 따라서 면죄부의 설교자들은 교황의 면죄부에 의해 모든 처벌에서 해방되고 구원을 받는다고 말할 때 오해한다.

50. 기독교인들은 교황이 면죄부 장관들의 금전 모집에 대해 알았다면, 그의 양의 피부와 살과 뼈로 지어지기보다 성 베드로의 바실리카를 돌무더기로 쓰러뜨리는 것이 낫다고 배워야 한다.

루터의 생각은 분명했습니다. 성경이 말씀하는 것에 순종하는 자와 성경이 말하는 것을 좋은 교훈이나 격언 정도로 생각하는 사람의 차이가 나타난 곳이 바로 비텐베르크입니다. 루터는 비텐베르크에서 공부하고 가르친 대로 말씀에 순종하였고 바울의 증거대로 복음과 함께 고난을 받았습니다. 그리고 교회를 거룩하게 하는 데 쓰임받았

• 루터와 멜라히톤
• 루터의 무덤과 설교단
• 멜란히톤의 무덤
• 루터의 개혁을 지지했던 집 표시
• 루터와 멜란히톤의 하우스
• 루터의 거실

습니다.

루터는 아이슬레벤에서 태어나고 아이슬레벤에서 주님 품에 안겼습니다. 그리고 비텐베르크에 묻혔습니다.

루터는 임종 시에 요한복음 3:16을 암송했다고 합니다. 그리고 임종을 지켜본 요나스 박사가 그에게 물었다고 합니다.

"선생님은 선생님께서 가르치신 교리와 그리스도 위에 굳건히 서서 돌아가시겠습니까?"

그러자 루터는 큰 소리로 대답하였습니다.

"예."

비텐베르크 교회에는 교회 개혁의 동지였던 루터와 멜란히톤이 함께 묻혀있습니다. 교회당이 이들의 묘지입니다.

이들이 함께 가르쳤던 비텐베르크 대학과 두 사람의 집도 한 동네에 있습니다. 그

• 비텐베르크 교회 내부 • 루터 하우스 정원

가 결혼한 시민교회도 있습니다. 격동의 시간을 보낸 개혁의 도시라고 느껴지지 않을 정도로 평온한 모습이었습니다. 특별히 중앙 광장에 서 있는 루터와 멜란히톤의 기념 동상은 여기가 개혁의 진원지였음을 말하고 있습니다.

지금도 비텐베르크에는 많은 성도들의 발걸음이 이어지고 있습니다. 오늘도 계속된 개혁을 통하여 온전히 회복된 교회를 소망하는 이들의 발걸음입니다.

비텐베르크의 루터 하우스에 그의 수많은 책들이 비치되어 있음에 감동을 받았습니다. 책이 생명임을 생각했습니다. 그리고 루터의 초상화를 비롯한 교회개혁의 그림들을 그린 루카스 크라나흐를 알 수 있는 시간이었습니다. 항상 책에서 보았던 초상화를 크라나흐가 그렸다는 것을 비텐베르크에서 알게 되었습니다. 그래서 루터의 집에서 그

• 비텐베르크 대학
• 루카스 크라나흐 머그컵
• 루터와 카타리나 폰 보라
• 루터가 설교하고 결혼식을 올린 시 교회

의 기념 머그컵을 구입하였습니다.

비텐베르크에 남아 있는 선진들의 삶과 죽음이 말을 걸어 왔습니다. 교회를 교회답게 세우라고 소리를 칩니다. 그 소리에 정신을 차립니다. 한국교회에 보냄받은 자로서, 개혁교회의 후예로서 맡은바 소명을 감당하고 있느냐는 내적 소리에 눈물로 기도합니다. 오 주님 용서하소서, 오 주님 도와주소서. 오 주님 한국교회를 지켜주소서.

# 3
## 아이제나흐

# 루터와 바흐가 만나다

아이제나흐는 바르트부르크 성 소재지로서도 중요하지만 역사적인 두 인물인 루터와 바흐가 역사적으로 연결된 도시입니다.

아이제나흐는 루터가 어린 시절 학교를 다녔던 지역입니다(1458–1500). 또한 바르트부르크에서 신약성경을 독일어로 번역한 곳입니다. 지금은 루터가 살았던 집을 개조한 기념관이 있습니다. 그 앞에 "내일 지구가 멸망할지라도 오늘 사과나무를 심겠다"는 말과 함께 사과나무도 있습니다. 그러나 루터로부터 시작된 말이 아니라 초기 개혁가들의 말이라고 기록되어 있습니다.

아이제나흐에는 루터가 다녔던 게오르크 교회가 있습니다. 그런데 이 교회는 바흐가 세례받았던 교회입니다. 바흐는 아이제나흐에서 태어났습니다. 세례를 받고 음악가로 성장하였습니다. 그리고 삶의 마지막은 라이프치히 토마스 교회에서 사역하였고 그곳에 묻혀 있습니다.

•아이제나흐의 루터 하우스

•루터의 사과나무
•게오르크 교회 내부, 루터가 설교하였던 단상과 앞에 있는 바흐가 유아세례 받은 세례반
•바흐의 생가 동상

EIN FESTE BURG IST UNSER GOTT
THÜRINGER
BACHWOCHEN
31|3–23|4|23

| •게오르크 교회 | •루터 하우스 및 박물관<br>•바흐 생가 및 박물관 |
|---|---|

•쉰들러의 집 •아우구스티누스 수도원 전경

음악의 아버지라 불리는 바흐는 루터의 신앙을 본받았고 음악으로 개혁정신을 나타냈습니다. 한 사람은 설교로, 한 사람은 음악으로 오직 성경을 전하였습니다. 그의 생가는 바흐의 유물로 가득하다고 합니다. 하지만 시간상 아쉽게도 볼 수 없었습니다. 그 옆에는 바흐 박물관이 있고, 동상도 있습니다.

이렇게 역사적인 두 사람은 아이제나흐라는 도시에서 만나고 다시금 라이프치히 토마스 교회에서 만납니다. 서로 대면하여 보지 않았지만, 신앙과 사상으로 역사에서 조우합니다.

아이제나흐가 주는 선물에 감사했습니다. 그러나 여기에 현대사에 숨겨진 또 하나의 보물이 있습니다. 바로 2차 세계대전 시에 나치에 의하여 유대인들이 비참하게 학살당할때 유대인을 구해 준 쉰들러의 집이 있습니다. 영화 〈쉰들러리스트〉에서 손가락으로 샬롬을 말하는 모습이 인상적이어서 지금도 샬롬의 표시로 사용하는데 그 생가를 보게된 것은 참으로 감동이었습니다. 역사가 실제가 되고, 영화가 현실이 되었습니다.

아이제나흐는 바르트부르크와 더불어 마음속에 남은 도시가 되었습니다.

# 4

에어푸르트

# 소명의 시작

기도하고 나오면서 방명록을 작성하였는데 안내자 한 분이 카드를 주었습니다. 카드의 내용은 "당신을 위해 기도하겠습니다"였습니다. 그 순간 멈칫 하였습니다. 루터의 심장이 고동치던 아우구스티누스 수도원에서 기도해주겠다는 말에 식었던 가슴이 다시 뛰었습니다. 하나님의 은혜에 감사하였습니다. 그리고 그날 저녁

에 한국에서 온 메일에서 기도응답을 받았습니다. 교회 공사를 위하여 기도하고 있었습니다. 그러나 재정이 여의치 않아 가슴앓이하며 기도하고 있었습니다. 그런데 감당할 수 있는 견적서가 도착하였습니다. 그리고 바로 언제든지 시작하시기 바란다고 답장을 보냈습니다.

에어푸르트는 또 다른 감동의 도시입니다. 루터는 아이슬레벤에서 태어나고 아이슬레벤에서 주님 품에 안겼습니다. 그러나 그의 젊은 시절은 에어푸르트입니다. 루터의 소명이 준비되고 있는 도시입니다.

루터는 1501년에 에어푸르트 대학에 입학해 교양과목을 공부하고 이후에 법학을 전공하였고, 다시 신학을 공부하였습니다.

루터는 이 대학에서 온전한 성경을 처음 보게 됩니다.

그리고 1505년 고향에 갔다가 오는 길에 슈토테른하임에서 벼락이 치는 중 두려움(친구의 죽음?)을 경험하고 수도사가 되기를 기도합니다. 이때의 기도가 "성 안나여 나를 도와주십시오. 제가 수도사가 되겠습니다"입니다.

이후에 바로 1505년에 에어푸르트의 아우구스티누스 수도원에 들어가 사제가 됩니다. 이곳에서 루터는 치열한 기도를 합니다. 그리고 1507년에 에어푸르트 대성당에서 사제 서품을 받습니다. 비텐베르크 대학교에서 신학 공부와 교양 강의를 시작하였습니다. 이때 비텐베르그 대학의 슈타우피츠(Johann von Staupitz)는 고민하는 루터에게 성

•에어푸르트 대학 현판
•에어푸르트 대학
•아우구스티누스 수도원 교회
•에어푸르트 성당

경을 연구하게 하고 그리스도의 십자가를 보게 하였습니다. 1512년에 비텐베르크 대학에서 박사학위를 받고 신학 교수가 됩니다. 그리고 로마를 다녀온 후에 95개조 반박문이 나오게 됩니다. 이 모든 것의 시작이 에어푸르트입니다.

에어푸르트 광장에는 엄청난 모습을 가진 에어푸르트 대성당이 보입니다. 광장 주변으로 얽혀 있는 듯한 트램과 자동차와 사람들의 통행은 기묘합니다.

아우구스티누스 수도원으로 가는 길에

•아우구스티누스 수도원의 루터의 방 •아우구스티누스 수도원 예배당
•소상인의 다리
•에어푸르트 대학 정문

강 위에 세워진 상품점 건물을 지나갑니다. 소상인의 다리입니다. 탐방자들은 한번 가면 다시 돌아오지 못하는 길입니다. 아무리 좋은 물건이 있어도 그림의 떡입니다. 수도원에 도착하고 예배당을 봅니다. 바로 옆에 루터가 있었던 수도사 방이 있지만 시간상 지나쳐야 하는 아쉬움이 있습니다. 입에서는 맴돌지만 밖으로는 나오지 않습니다.

수도원을 나와 에어푸르트 대학을 갑니다. 루터가 공부하면서 드나들었던 대학 문에 잠시 서 봅니다. 들어갈 수 없지만 젊은 날의 루터를 생각합니다. 여기저기 사진을 담지만 마음은 떠나지 않았습니다. 그러다 또 늦게 좇아갑니다. 나오는 길은 유대인의 회당인 쉬나고게가 있는 중세의 골목길입니다. 아름다운 길입니다. 떠들썩하면서 나오니 에어푸르트를 떠날 버스가 기다리고 있습니다.

에어푸르트를 언제 볼지 모르지만 위대한 개혁가는 하늘에서 떨어지는 것이 아니라 준비되고 훈련된 자를 사용하심을 다시 보게 되었습니다. 소명은 훈련으로 완성됩니다.

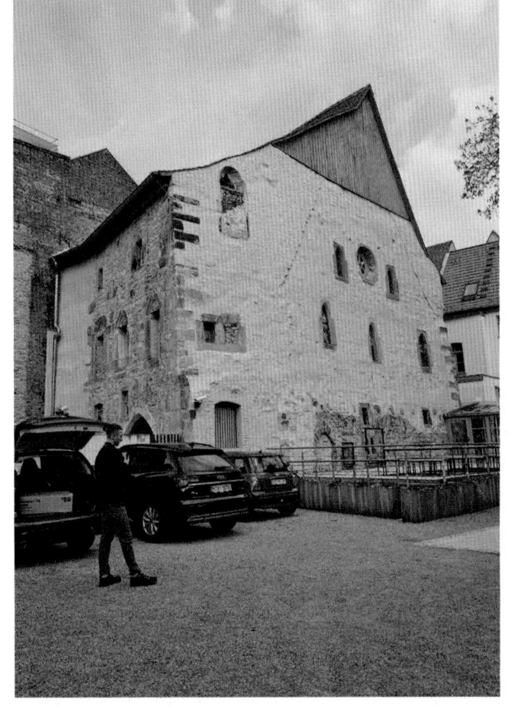

•에어푸르트 풍경

•에어푸르트, 마르틴 루터의 정신적 고향
•쉬나고게(유대인 회당)

# 5
## 라이프치히

# 종교개혁의 열매

라이프치히는 16세기 · 17세기 · 18세기 · 19세기 · 20세기의 교회사를 관통하는 중요한 도시입니다. 우선 16세기 라이프치히 논쟁(Leipziger Disputation 또는 Leipzig Debate)이 대표적입니다.

라이프치히 논쟁은 독일에서 종교개혁 당시 1519년 6월 27일~7월 16일에 마르틴 루터, 안드레아스 카를슈타트, 필리프 멜란히톤과 로마 가톨릭교회를 대변하는 잉골슈타트(Ingolstadt) 대학교 교수이며 한때 루터의 친구였던 신학자인 요한 에크(Johann Eck)가 라이프치히에서 성경의 권위, 연옥교리, 면죄부 판매, 고해성사, 교황의 권위에 대해 치열한 논쟁을

벌였습니다. 지금의 구청사가 그 논쟁의 장소입니다. 이 논쟁에서 루터는 교황과 공의회도 오류를 범할 수 있음을 말하고 유일한 권위는 오직 성경임을 강조합니다. 그러므로 성경에 없는 것은 권위가 없다고 선언합니다. 당시의 논쟁에서 루터는 승리했지만 결국 이단으로 파문당합니다.

라이프치히 논쟁 이후에 루터는 종교개혁의 당위성에 대한 글을 써서 출판합니다. 바로 1520년에 쓴 3개의 종교개혁 소논문 《선행론(A Treatise on Good Works)》, 《독일 귀족에게 고함(The Address to the Christan nobility of German Nation)》, 《교회의 바벨론 포로시대(The Babylonian Captivity of Church)》입니다.

16세기의 루터의 유산은 18세기에 열매를 맺습니다. 바로 음악의 아버지인 요한 제바스티안 바흐입니다. 바흐는 독일의 아이제나흐에서 1685년 3월에 태어났습니다.

아이제나흐는 바흐와 루터가 역사적으로 만난 곳입니다. 그리고 토마스 교회에서 재회합니다. 토마스 교회는 루터가 종신 서약을 한 교회입니다. 또한 1519년 에크와 논쟁을 하기 전날 예배에 참석하였던 곳입니다. 그리고 1539년 성령강림 주일에 설교하였던 교회입니다.

• 라이프치히 논쟁이 벌어진 구 청사

• 바흐 동상
• 마르틴 루터의 토마스 교회 설교기념

그런데 바로 토마스 교회는 바흐가 마지막 악단장으로 사역하였던 곳입니다. 바흐가 교회개혁의 정신인 오직 성경, 오직 그리스도를 나타낸 대표적인 곡이 바로 〈마태의 수난곡〉입니다. 바흐는 토마스 교회에서 루터가 전하였던 복음을 음악으로 표현하였습니다.

바흐는 생전에 인기를 얻지 못하였습니다. 그러나 후에 바로크 음악을 이어간 낭만주의 시대의 작곡가 멘델스존에 의하여 재조명됩니다. 멘델스존(1809-1847)은 바흐의 음악을 계승하여 널리 알렸습니다. 토마스 교회 앞에 있는 바흐의 동상은 멘델스존의 요청으로 세워졌다고 합니다.

멘델스존의 기념 동상은 토마스 교회 뒤편에 세워져 있습니다. 무심코 지나칠 수 있었던 위치에 있었습니다. 차가 세워진 곳이라 서둘러서 떠나야 했는데 사진을 확대해서 찍었더니 멘델스존 기념 동상이었습니다. 라이프치히는 음악의 도시입니다. 바흐, 멘델스존, 슈만, 바그너와 같은 인물들이 이 고장을 빛내었습니다.

또한 독일의 위대한 소설가 괴테(1749-1832)가 『파우스트』의 영감을 받은 곳입니다. 괴테는 라이프치히 대학에서 공부하였습니다

•성 토마스 교회
•성 토마스 교회

•토마스 교회 내부의 바흐의 무덤
•토마스 교회, 루터가 설교하였던 설교단

다. 『젊은 베르테르의 슬픔』으로 유명세를 얻고, 『이탈리아 기행』을 쓴 위대한 문학가의 숨결이 있는 곳이 라이프치히입니다.

라이프치히 대학 정문을 카메라에 담고 나오는데 멀리 한 동상이 보였습니다. 그래서 다시 카메라에 담았습니다. 바로 괴테의 동상입니다. 그 장소가 『파우스트』의 영감을 얻은 장소입니다.

하지만 라이프치히는 20세기에 독일 통일과 관련해 가장 중요한 도시입니다. 바로 니콜라이 교회가 있는 곳입니다. 2차 세계대전으로 러시아에 점령당한 동독은 러시아 위성국으로 있다가 1949년에 독립하여 동독(독일 민주공화국)으로 지내다가 1990년 10월 3일 서독(독일연방공화국)으로 합병되어 통일 독일이 됩니다.

이 역사적인 통일에 1989년 시작된라이프치히 니콜라이 교회의 월요 촛불기도회가 중심이 되었습니다. 니콜라이 교회는 독일 통일에 중요한 역할을 하였습니다. 분단국가인 우리에게 큰 울림을 주고 있습니다. 통일의 영광을 기념하는 탑이 교회 뒤편 광장에 우뚝 세워져 있습니다.

| | |
|---|---|
| •멘델스존 동상<br>•괴테의 동상<br>•라이프치히 대학 | •니콜라이 교회 |

NIKOLAI KIRCHE
Wir laden ein:
Montag
Mittwoch
Samstag
Sonntag
Gottesdienst
offen für alle
BAUSTELLEN
Schwebende Last
Grundsätzliche Pflicht
BINDER BB

니콜라이 교회가 이러한 힘을 가진 것은 1539년에 루터가 이곳에서 설교하였고 바흐가 요한 수난곡을 연주하였던, 성경으로 돌아가는 개혁이 있었던 교회이기 때문입니다. 라이프치히는 짧게 보았지만 큰 울림을 주는 도시였습니다. 역사의 물줄기가 얼마나 강력한지를 보여주고 있습니다.

니콜라이 교회에서 나오는 길에 박물관 앞에 있는 한 조형물이 독특하게 다가왔습니다. 조형물의 이름은 〈세기를 향한 걸음〉입니다. 라이프치히에 걸맞는 이름입니다. 이렇게 16세기에서 20세기의 역사를 보았습니다. 한국교회가 무엇을 해야 하는지 돌아보게 하였습니다. 주님, 이 땅에 복음의 통일을 주옵소서.

•니콜라이 교회 내부 •루터 공원의 개혁자들 동상
•세기를 향한 걸음

# 6

**보름스**

# 보름스의 두려움과 담대한 결단

루터의 삶에 있어서 가장 극적인 곳이 있다면 보름스라고 할 수 있습니다. 보름스는 교회개혁을 위한 루터의 사생결단의 자리였습니다. 95개조 반박문을 통하여 로마 가톨릭에게 질문을 제기하였던 루터는 온갖 협박과 박해 가운데서도 담대하였습니다.

성경이 말하는 것을 부정할 수 없기 때문입니다. 루터는 수도사 시절, 사제 시절부터 로마 가톨릭의 가르침에 많은 의문을 가졌습니다. 로마 가톨릭은 구원을 위한 죄 문제의 해결로 행위를 강조하였습니다. 그러나 어떤 고행과 선행으로도 죄 문제를 해결할 수 없었습니다.

수많은 시간 동안 구원에 대한 정직한 답을 찾고자 하였던 루터는 드디어 성경을 통하여 답을 얻었습니다. 그것이 바로 로마서 1:17~18 말씀입니다. 의인은 믿음으로 말미암아 구원을 얻는다는 이신칭의의 위대한 발견입니다.

그러나 새로운 것은 아닙니다. 이미 아우구스티누스가 가르쳤던 은총의 교리였습니다. 그러나 중세동안 사라졌던 성경의 가르침이 로마 가톨릭 내부에서 터져 나왔습니다.

루터의 가르침에 중세가 흔들렸습니다. 그러자 기득권자들이 루터를 죽이고자 보름스로 부릅니다. 보름스에 가는 것을 동지들은 말렸지만 루터는 복음을 전하기 위하여 갑니다. 그의 심정은 고백에서 나타납니다. 1521년 4월 17, 18일 보름스에서 루터는 복음을 선언합니다. 루터는 카를 5세에 의하여 주장을 철회할 것을 요청받습니다. 루터는 고민하는 심정으로 하루의 시간을 요청합니다. 그리고 다음 날 황제 앞에 나아갑니다. 루터는 카를 5세 앞에 서서 담대하게 대답합니다.

"나는 성경의 증언에 있어서, 명백한 추론에 있어서도 잘못이 있다고 확신하지 않습니다. - 교황이나 공의회의 입증되지 않은 권위를 신뢰하지않습니다. 또한 종종 그들이 잘못을 저질렀다는 것과 종종 그들 스스로에 모순이 있기에 신뢰하지 않습니다.- 저는 제가 호소한 성경에 의해 유죄 판결을 받았습니다. 그리고 나의 양심은 하나님의 말씀에 사로잡혔습니다. 나는 어떤 것도 철회할 수 없고 철회하지도 않을 것입니다. 우리의 양심에 반하는 행동은 우리에게 옳지 않고, 안전하지도 않습니다. 하나님 저를 도와주십시오. 아멘!"

• 니벨룽겐의 노래 조형물과 삼위일체 교회 • 보름스 삼위일체 교회

Ein Christenmensch ist ein freier Herr über alle Dinge und niemandem untertan.
Ein Christenmensch ist ein dienstbarer Knecht aller Dinge und jedermann untertan.
Martin Luther
von der Freiheit eines Christenmenschen
1520

- 보름스 회의 소개
- 보름스에 있는 루터의 사진
- 보름스 회의 벽화
- 옛 보름스 회의장에 있는 루터의 신발과 조형물

루터의 기록은 보름스에 고스란히 남아 있습니다. 루터가 담대하게 복음을 전하였던 보름스에는 그의 숨결이 남아 있습니다. 사거리에 대형 그림이 벽화로 남아 있습니다. 500년 전 외쳤던 장소에는 루터의 신발이 조형물로 남아 있습니다.

그리고 올라가는 길목에는 5대 솔라가 남겨져 있습니다. 바로 앞에는 루터가 설교하였던 삼위일체 교회가 있습니다. 삼위일체 교회 너머에는 루터 공원이 있고 중앙에 루터를 중심으로 한 개혁자들의 동상이 있습니다.

개혁자들의 동상은 의미가 있습니다. 루터를 중심으로 앞에는 프리드리히 3세 선제후와 헤센주의 영주인 필리프백작과, 뒤에는 멜란히톤과 그의 삼촌인 뛰어난 히브리어 연구자이며, 인문주의자 로이힐린이 있습니다. 그리고 아래 동상에는 종교개혁 이전 개혁자들의 동상이 있습니다. 앞에는 피렌체의 위대한 설교자인 지롤라모 사보나롤라와 15세기의 얀 후스가 있습니다. 또한 뒤편에는 12세기의 개혁자 발도와 영국의

- 로이힐린(위 왼쪽)
- 멜란히톤(위 오른쪽)
- 지롤라모 사보나롤라(아래 왼쪽)
- 얀 후스(아래 오른쪽)
- 존 위클리프(위 왼쪽)
- 프리드리히 선제후(위 오른쪽)
- 피에르 발도(피터 왈도)(아래 왼쪽)
- 필리프 백작(아래 오른쪽)

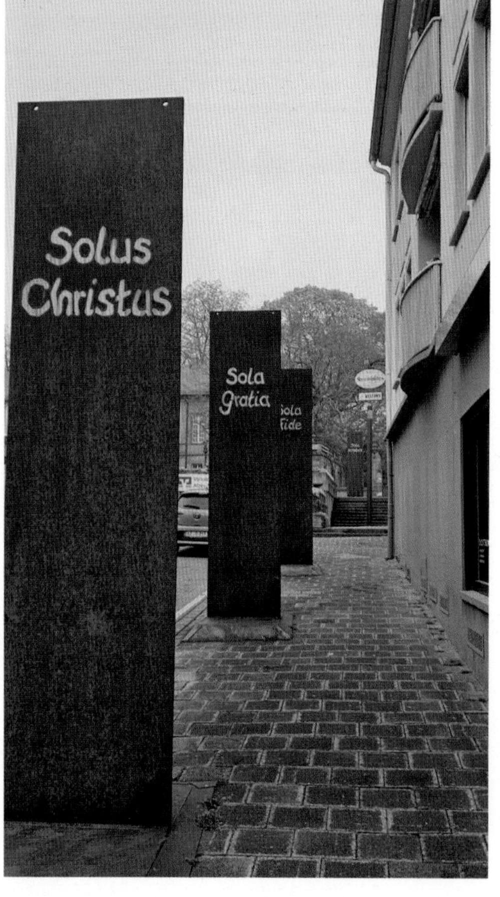


개혁자인 존 위클리프가 있습니다. 그리고 칼빈과 츠빙글리가 부조되어 있습니다. 그 외에도 종교개혁 시대의 동지들이 기록되어 있습니다. 교회 개혁에 있어서 루터를 중심으로 이전과 이후가 함께 모여있는 의미 있는 장소입니다.

이들이 종교개혁의 불쏘시개입니다. 16세기의 불은 꺼지지 않았습니다. 어둠이 짙을수록 아침이 가까이 옵니다. 하나님 앞에 선 루터는 새벽을 깨웠습니다.

오늘 아침의 영광을 누릴 수 있는 것은 앞선 개혁자들이 복음과 함께 고난을 받았기 때문입니다. 루터 공원에서 만난 동상이지만 그들의 눈빛에서 시대를 거슬러 올라가서 개혁의 현장의 생생함을 보았습니다.

보름스의 아침에 만난 개혁자들은 이 아침을 정오의 태양과 같이 밝혀야 한다고 말을 합니다.

루터는 이 자리에서 "제가 여기 있습니다. 나는 어떠한 것도 할 수가 없습니다. 주여, 나를 도우소서"라고 기도합니다. 그리고 목숨을 건 교회개혁을 이어 갑니다. 루터의 기도가 오늘 우리를 만들었습니다.

루터의 간절한 기도 앞에 같은 마음으로 서 봅니다.

| | |
|---|---|
| •칼빈과 츠빙글리<br>•종교개혁 5대 솔라 조형물 | •바르트부르크 성 |

# 7

## 바르트부르크

# 고난이 역사가 되다

"야곱이 바로에게 고하되 내 나그네 길의 세월이 일백 삼십년이니이다 나의 연세가 얼마 못되니 우리 조상의 나그네 길의 세월에 미치지 못하나 험악한 세월을 보내었나이다 하고"(창47:9)

야곱의 말에서 느끼는 것은 인생의 험악함입니다. 어려움이 없는 인생은 없음을 시간이 갈수록 느낄 수밖에 없습니다. 모두가 같은 고난을 겪는 것은 아니지만 고난을 겪지 않는 사람은 없습니다.

그러나 고난을 이기는 태도는 모두 다릅니다. 어떤 사람에게는 고난이 괴로움과 절망의 시간입니다. 반대로 어떤 사람에게는 고난이 또 다른 기회가 되기도 합니다. 고난을 어떻게 대하는지에 따라 누군가에게는 절망과 원망의 시간이 될 수 있지만, 누군가에게는 기회의 시간이 되기도 합니다.

아마도 고난을 기회로 삼은 역사적 인물은 마르틴 루터라고 할 수 있습니다. 루터는 95개조 반박문을 통하여 교회개혁을 시작하고 로마 가톨릭과 전쟁을 합니다. 그리고 보름스 회의에서 성경의 가르침을 분명하게 논박합니다.

그러나 보름스 회의는 루터에게 가장 큰 위기였습니다. 교황은 루터를 파문하고 죽이려고 합니다. 이때 프리드리히 선제후는 루터를 거짓 납치하고 아이제나흐에 있는 바르트부르크성으로 피신시킵니다. 교회개혁을 외친 루터의 처지는 참으로 비참해집니다. 그러나 바르트부르크 시기는 교회사에 매우 중요한 전환점이 됩니다.

루터는 이곳에서 앞선 개혁자들을 따라 성경을 자국어인 독일어로 번역합니다. 성에 갇혀 사는 이 시간이 루터에게는 최고의 순간이 되었습니다. 바울의 증거대로 합력하여 선을 이루는 시간이 됩니다.

바르트부르크는 루터에게는 고난의 장소이지만 동시에 교회사의 위대한 장소입니다. 시편 기자가 말하기를 고난받음이 내게 유익이라는 말씀이 사실로 나타난 증거가 됩니다.

바르트부르크에 있는 루터의 책상은 많은 말을 하였습니다. 그 작은 방에서 세상을 변화시켰습니다. 또한 집필실 옆에는 루터의 도서관이 있습니다. 루터의 저작 원본을 볼 수 있는 것이 기쁨이었습니다. 처음에는 촬영이 안 된다고 했는데 카메라에 담아도 된다고 하여서 행복하였습니다. 루터는 다작가입니다. 정말 많은 책과 설교집을 남겼습니다. 바르트부르크에서 그 실체를 보니 너무 좋았습니다. 설교자는 책을 쓰고 남겨야 함을 다시금 확인하였습니다. 책이 있기에 루터의 생각을 알 수 있습니다. 매주 수요일에 공부하는 루터 저작이 더 뜨겁고 가까이 다가왔습니다.

고난이 없는 인생은 없지만 고난을 기회로 만드는 인생은 많지 않습니다. 성경의 인물 가운데 고난의 대명사인 욥은 말합니다.

- 루터의 독일어 성경
- 바르크부르크 루터 도서관
- 독일어 성경을 번역한 루터의 방
- 루터의 책 초기 원본

"내가 모태에서
알몸으로
나왔사온즉 또한
알몸이 그리로
돌아가올지라
주신 이도
여호와시요 거두신
이도 여호와시오니
여호와의 이름이 찬송을 받으실지니이다"
(욥1:21)

욥은 고난받음에 대하여 분명한 고백을 하였습니다. 욥은 친구들의 비난을 견디면서 심적인 고난을 겪었지만, 고난에 굴복당하지 않았습니다. 욥의 마지막 고백은 가슴을 뛰게합니다.

"주께서는 못 하실 일이 없사오며 무슨 계획이든지 못 이루실 것이 없는 줄 아오니 내가 주께 대하여 귀로 듣기만 하였사오나 이제는 눈으로 주를 뵈옵나이다"(욥42:2, 5)

하나님의 일하심을 확신하게 되자 나타난 그의 고백은 신자가 가야 할 길을 알려줍니다. 모든 것을 합력하여 선을 이루신 하나님은 늘 우리와 함께하십니다.

루터에게 있어서 바르트부르크는 고난의 장소이지만 동시에 영광의 시간이었습니다. 인고의 시간이 세계를 변화시켰습니다. 바르트부르크는 교회개혁에는 고난이 함께 함을 보여주었습니다. 복음과 함께 고난을 받자(딤후 1:8)는 바울의 권고에 온몸으로 응답한 현장입니다.

루터의 기도와 간절한 소망이 귓전을 울립니다. 한국교회의 일원으로 부름받은 자로서 선배들의 기도에 동참하고, 건강한 교회를 회복하고자 기도합니다.

내려오면서 커피 한 잔을 마셨습니다. 감동의 순간을 되새김하는 데 너무 좋은 시간이었습니다. 바르트부르크, 잊지 못할 장소입니다.

• 루터의 저작
• 루터의 방 외관
• 바르트부르크 성의 호화로운 홀

# 8

프랑크푸르트

# 경건과 회개의 도시, 프랑크푸르트

처음 도착한 곳이 프랑크푸르트 공항이었지만 환승을 위하여 머물기만 하였습니다. 그 프랑크푸르트에 다시 가게 되었습니다.

하룻밤 묵을 예정이었는데 짧은 시간이 허락되어서 시내를 돌아보게 되었습니다. 프랑크푸르트 암마인(프랑크푸르트)은 독일의 경제수도입니다. 현대적 건축물을 볼 수 있습니다. 그러나 이 도시에는 숨은 역사가 있습니다.

독일은 2차 세계대전을 일으키고 유대인을 무참하게 학살한 전범국가입니다. 이들은 나치의 만행에 진심으로 사과하는 일을 감당하였습니다. 그 사실을 공개적으로 나타낸 조형물이 암마인 교회에 있습니다. 역사 앞에 철저하게 반성하는 모습입니다.

| •프랑크푸르트 성당 | •바울교회<br>•바울교회 전경 |
| --- | --- |

우리를 침략하였던 일본과는 차원이 다른 모습입니다.

그러나 암마인 교회가 교회사적으로 중요한 이유는 필리프 야코프 슈페너(1635-1705)에게 있습니다. 경건주의의 선구자입니다. 그가 루터파 암마인 교회의 담임목사로 있었습니다.

슈페너의 책 『경건한 소원』은 종교개혁 이후에 교회의 실천성을 강조한 책입니다. 슈페너는 아우구스트 헤르만 프랑케(1663-1727)에게 영향을 줍니다. 프랑케는 할레 대학에서 경건주의 모임을 만들고 가르쳤습니다. 이때 친첸도르프도 교제합니다. 이렇게 프랑크푸르트에 역사의 현장이 있습니다.

암마인 교회를 떠나서 뢰머 광장으로 들어갔습니다. 수많은 사람들이 모여 있었습니다. 그 가운데 구 시청 건물인 뢰머 건물은 우리와 특별한 관계가 있습니다. 바로 한국인으로는 유일무이하게 구 시청 발코니에 선 사람이 차범근 선수였다는 사실입니다. 축구선교단답게 감탄하였습니다. 그런 후에 열쇠가 가득한 아이젤너 다리에 이르렀습니다.

그런 후에 다시 뢰머 광장을 돌면서 또 한가지 독특한 건물을 보았습니다. 바로 하멜의 건물입니다. 『하멜 표류기』로 알려진 하멜이 한국에서 돌아와서 산 건물이 지금까지 남아 있습니다. 역사는 어디에서나 숨을 쉬고 있습니다.

짧은 시간에 프랑크푸르트를 보았지만 다양한 역사를 공부할 수 있었습니다. 프랑크푸르트는 경제 도시 이전에 경건과 회개의 도시로 다가왔습니다. 아이젤너 다리 위에서 본 마인강은 역사는 흐른다고 말하고 있습니다.

- 야코프 필리프 슈페너
- 바울 교회의 아우스슈비츠 학살 참회 동상
- 아이젤너 다리 입구(위 왼쪽)
- 아이젤너 다리와 마인강 (위 왼쪽 아래)
- 하멜의 가게(위 오른쪽)
- 프랑크푸르트 구 시청사

# 9

## 하이델베르크

# 하이델베르크에 간 사람

뜻하지 않은 선물을 받을 때의 기분은 두말할 필요가 없습니다. 여행을 할 때는 두 배의 감격이 됩니다.

츠빙글리를 만나고 칼빈을 생각하고 있었을 때 하이델베르크에서 점심을 먹는다고 합니다. 하이델베르크, 이름만 들어도 가슴이 뛰었습니다. 하이델베르크는 정말 아름다웠습니다. 그러나 아름다움으로 끝나지 않고 개혁교회가 시작된 현장인 성령교회 앞에서 점심을 먹었습니다.

너무 감격하였습니다. 성령교회 안에는 개혁교회 특징처럼 단순하고 설교단이 반듯하게 세워져 있었습니다. 로마네스크 양식과 고딕양식을 지나 고전양식을 간직하고 있었습니다.

하이델베르크는 단지 하이델베르크 요리문답으로 유명한 곳은 아닙니다. 이곳은 루터의 교회개혁이 확장된 장소입니다.

1517년 10월 31일에 시작된 루터의 반박문은 구텐베르크의 인쇄기 발명으로 독일과 스위스 전역으로 퍼졌습니다. 루터의 생각을 듣기 위한 자리였던 하이델베르크는 루터의 생각이 옳음을 확인한 자리였습니다.

1518년 4월 팔츠 선제후국의 수도 하이델베르크에서 아우구스티노회 총회가 열렸습니다. 그리고 이 총회에서 루터의 주장에 찬성하는 이들이 다수였습니다. 루터는 하이델베르크에서 면죄부 판매를 강요하는 교황의 견해를 반박하는 28개조 논제를 제시했습니다. 이때 독일 아우구스티누스회 대부분의 수도사제와 다른 수도회나 교구 사제들도 루터에 의견에 대부분 찬성하였습니다.

이처럼 중요한 하이델베르크는 마침내 교회개혁의 정점을 찍습니다. 루터가 28개 논조를 밝힌 지 45년 만에 목사와 성도들을 위한 신앙문답서가 확정됩니다.

성령교회는 개혁 신앙을 받아들인 카알 프리드리히 3세가 개혁파 성찬을 행하였습니다. 그리고 분명한 신앙을 전파하고자 신학자인 올리비아누스와 설교자인 우르시누

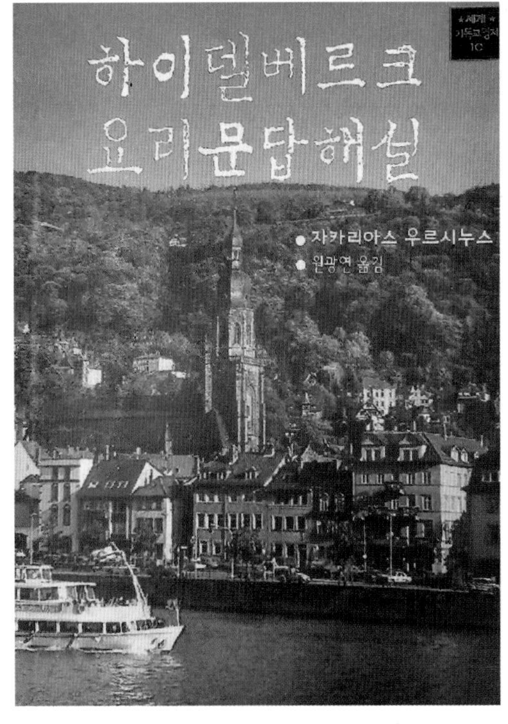

•하이델베르크시 전경

•하이델베르크 다리
•하이델베르크 요리문답
•성령교회 설교단

스에게 요리문답을 작성하게 합니다. 주의 날인 52주 주일에 맞춰 나눈 129개 문답을 만듭니다. 이것이 바로 하이델베르크 요리문답입니다.

하이델베르크는 하이델베르크 총회로도 유명합니다. 그리고 하이델베르크 대학 역시 유명합니다. 시계처럼 정확하게 산책을 하였던 칸트가 생각나는 도시입니다. 그러나 가장 위대한 것은 하이델베르크 요리문답이 작성된 곳입니다.

『하이델베르크 요리문답』(1562)은 매우 실천적인 문답으로 이뤄진 신앙문답서입니다. 요리문답 1문은 전체를 보여주는 그림입니다.

성령교회를 들어가는데 감사하였습니다. 로마가톨릭의 성당은 정말 화려합니다. 베드로 성당은 두말할 필요가 없습니다. 그런데 대부분 화려한 고딕양식의 교회는 마리아에게 바쳐졌습니다.

그러나 개혁교회는 삼위 하나님께 바쳐졌습니다. 삼위일체 교회, 성령교회입니다. 하이델베르크의 성령교회에서 짧게 보낸 시간은 진한 눈물이 나왔습니다. 점심 먹으러 간 곳에서 성령 충만하였습니다.

오래전에 『하이델베르크에 온 세 사람』을 읽었습니다. 그리고 하이델베르크에 간 사람 한 명이 되었습니다.

• 성령교회 내부

• 성령교회
• 하이델베르크 성과 광장

# 10
취리히

# 스위스 개혁의 시작 그로스뮌스터

독일 북부에서 불어온 개혁의 소리는 알프스를 넘어서 스위스로 확장됩니다. 하나님은 그의 나라를 왜곡된 로마 가톨릭의 세계에서 벗어나게 하도록 만반의 준비를 합니다. 그 역사의 전환점이 스위스 취리히에서 시작됩니다.

루터와 거의 동년배인 츠빙글리는 스위스의 교회 개혁의 선구자입니다. 츠빙글리는 바젤에서 공부하면서 인문학자인 에라스무스를 만납니다. 바젤에는 외콜람파디우스라는 탁월한 개혁파 신학자가 있었습니다. 츠빙글리는 바젤에서 영향을 받고 로마 가톨릭의 왜곡된 문제를 지적합니다. 특별히 사순절 금식 기간에 소시지를 먹음으로 저항합니다. 그리고 이종성찬을 시행합니다. 로마 가톨릭은 일반 성도에게 떡만 주고 포도주를 주지 않았습니다.

이에 츠빙글리는 모두에게 이종성찬을 시행함으로 교회개혁을 일으켰습니다.

츠빙글리는 루터처럼 67개조의 질문을 던집니다. 그리고 성경이 무엇이라 말하는지를 답변합니다. 비록 43세의 나이에 전쟁에서 죽었지만 그의 개혁은 동지들을 통하여 이어졌습니다. 루터에게 멜란히톤이 있었다면 츠빙글리에게는 하인리히 불링거가 있었습니다. 불링거는 츠빙글리를 이어서 교회개혁을 마무리 짓습니다. 스트라스부르의 마르틴 부처와 칼빈 등과 함께 교회개혁의 기틀을 완성합니다. 그 열매가 스위스 신앙고백서입니다.(1529년) 스위스 신앙고백서는 개신교회가 로마 가톨릭과 완전히 결별하고 본래의 교회로 돌아감을 선언한 첫 고백입니다. 그리고 이어서 멜란히톤이 작성한 루터파 신앙고백서인 아우크스부르크 신앙고백서가 1530년에 공표됩니다. 이후 영국은 1534년에 로마 가톨릭을 떠납니다.

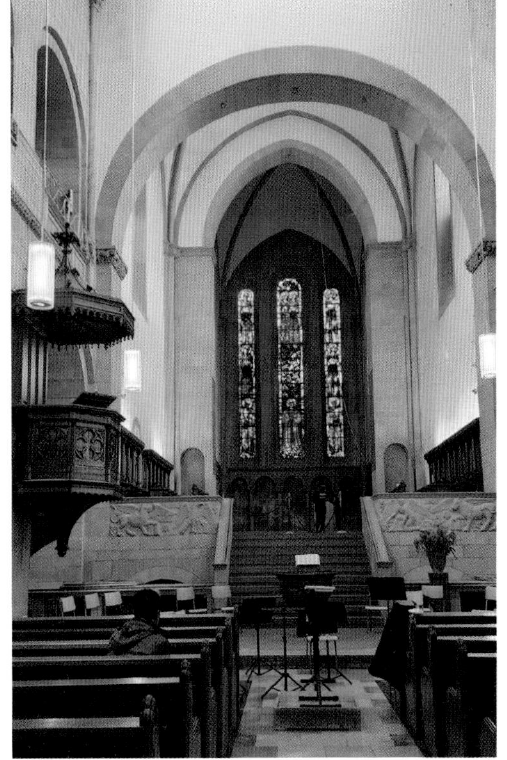

• 취리히 가는 휴게소의 아름다움

• 그로스뮌스터 교회 벽에 있는 하인리히 불링거의 입상

• 그로스뮌스터 교회 내부 설교단

그로스뮌스터 교회에는 모든 개신교의 상징처럼 설교단이 높이 세워져 있습니다. 그곳에서 복음을 전했던 츠빙글리를 생각할 때 가슴이 또 한 번 출렁거렸습니다.

교회 벽면에는 불링거의 부조가 있습니다. 교회의 존재 이유를 잊지 말라는 무언의 외침입니다. 츠빙글리의 사택은 교회 뒤편에 기념판만 있습니다. 그의 동상은 그로스뮌스터 교회 앞에 있는 바서 교회당 뒤편에서 자신이 전사한 취리히 언덕을 보고 있습니다.

• 프라우 뮌스터 교회, 샤갈의 스테인드 글라스로 유명
• 츠빙글리의 동상
• 그로스뮌스터 교회 정문
• 그로스뮌스터 교회

Polizei

그리고 지금도 운영되고 있는 취리히 대학을 츠빙글리가 세웠습니다. 500년 동안 스위스의 인재가 나오고 있습니다. 개혁의 열매입니다.

츠빙글리 역시 루터처럼 많은 책을 남겼습니다. 그 유산은 지금도 곁에 있습니다.

츠빙글리와 불링거 그리고 외콜람파디우스와 같은 개혁자들로부터 교회의 새 역사가 시작되었습니다. 스위스에서 또 한 번 심장에 교회를 담습니다.

- 츠빙글리와 불링거의 사택
- 바서 교회
- 리마트강에서 바라본 프라우뮌스터 교회와 그로스뮌스터 교회
- 침례교 역사

# 11
## 취리히
# 침례교의 시작은 언제인가

스위스 취리히는 교회개혁의 역사에서 매우 중요한 장소입니다. 스위스 교회 개혁의 현장입니다. 개혁은 성경으로 회복입니다. 본래의 교회란 성경이 말하는 교회입니다. 적어도 500년대까지 교회는 건강하였습니다. 성경에서 떠나지 않았습니다. 그러나 600년 부터 교회는 성경에서 떠나게 되었고 8세기 샤를마뉴 시기에는 완전히 떠나기 시작했습니다. 교황령과 성도의 십일조 의무는 교회를 타락하게 하였습니다. 그렇게 중세 천년은 영적으로 타락하였습니다. 그렇다고 문화의 암흑은 아니었습니다. 피렌체가 그 사실을 보여줍니다.

츠빙글리의 개혁에 취리히 시민들은 적극적으로 동참하였습니다. 그 가운데 좀더 적극적이고 극단적인 개혁을 요구하는 사람들이 나타났습니다. 바로 츠빙글리를 따랐던 스위스 형제단입니다. 이들은 이종성찬과 함께 유아세례를 거부하였습니다. 세례는 오직 신앙고백

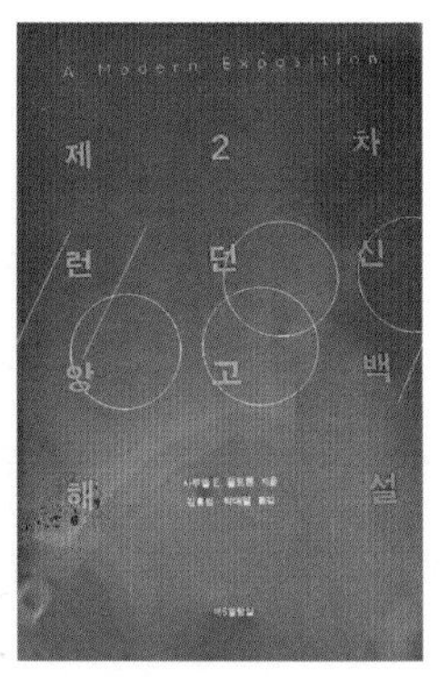

이 분명한 성인만 받을 수 있다고 주장했습니다. 그래서 이들을 아나뱁티스트 즉 재세례파라고 부릅니다. 이들은 1525년에 취리히 시로부터 떠나라는 명령을 받았지만 저항하였습니다. 이들의 지도자는 펠릭스 만츠입니다. 만츠는 수장되는 참형을 받게 됩니다. 그리고 일반 역사가는 1527년 취리히에서 최초의 침례교회가 세워졌다고 합니다. 하지만 또 다른 분들은 사도적 계승설을 주장합니다. 그러나 분명한 것은 모두가 교회 개혁의 열매였습니다.

침례교는 영국에서 제2차 런던신앙고백서를 작성하였습니다. 회중주의와 침례를 시행하고 그리고 유아세례를 하지 않습니다. 침례교회의 꽃은 미국에서 나타납니다. 청교도와 함께 신대륙에 온 로저 윌리엄스에 의하여 번성하고 미국의 주류가 됩니다.

제네바의 개혁자들의 벽에 로저 윌리엄스가 있습니다. 침례교회 역시 교회개혁의 열매입니다.

만츠의 죽음은 개혁의 시대에 엄중함이 낳은 슬픔이라고 할 수 있습니다. 만츠가 수장당한 장소는 그로스뮌스터 교회가 바라보고 있습니다. 역사의 실제가 교차하는 장면입니다.

재세례파의 역사는 많이 연구되고 있습니다. 이들은 오늘날 주류 침례교회와는 다른 모습을 가지고 있습니다. 재세례파는 적극적 평화주의와 정부의 권세를 부정하고 있습니다. 그래서 어떠한 전쟁도 용납하지 않습니다. 여기에 개혁파 전통의 관점과는 다름이 존재합니다.

재세례파의 시작이라 할 수 있는 현장이 츠빙글리와 한곳에 있음이 많은 생각을 하게 합니다. 사랑으로 진리를 전하는 사명이 더욱 필요함을 느낀 현장이었습니다.

•펠릭스 만츠가 수장당한 리마트강

HIER WURDEN MITTEN IN DER LIMMAT
VON EINER FISCHERPLATTFORM AUS
FELIX MANZ UND FÜNF WEITERE TÄUFER
IN DER REFORMATIONSZEIT
ZWISCHEN 1527 UND 1532 ERTRÄNKT.
ALS LETZTER TÄUFER WURDE IN ZÜRICH
HANS LANDIS 1614 HINGERICHTET.

# 12
**루체른**

# 루체른 호수바다와 하늘산

탄성이 저절로 납니다
눈 앞에 펼쳐진 풍경을 믿을 수 없습니다
오 하나님 감사합니다.

사람들 너머로
호수바다와 하늘산을 봅니다.
색의 조화앞에 눈을 뗄 수 없습니다.

- 루체른 필라투스 곤돌라 출발지
- 필라투스 정상으로 가는 길
- 루체른 호수
- 필라투스 정상에 있는 교회당
- 필라투스 정상 전경
- 카펠교, 14세기에 지어진 목조다리

와, 와, 와 …
말이 나오지 않습니다
표현할 길이 없습니다
가슴이 떨립니다.

참 아름다워라
입으로 부르는 노래가 아니라
마음으로 송영합니다.

아래서 보고
위에서 보고
하늘에서 보고
꿈에서도 봅니다.

열두 진주문이 열리고
수정같이 맑은 생수의 강
달마다 열두 가지 열매를 맺는
다시 밤이 없는 그날은 어떨까요
흥분되는 마음으로 준비합니다.

# 13
## 제네바

# 제네바에 빠지다

꿈에 그리던 곳을 방문하면 정신이 없어집니다. 꿈인지 생신인지 모릅니다. 제네바가 그러했습니다.

취리히를 지나서 오는 길목인 알프스 산맥 몽블랑도 탄성이 나왔습니다. 주님이 지으신 모든 세계의 아름다움에 탄성이 저절로 나왔습니다. 그리고 루체른의 호수와 필라투스의 광경도 대단하였습니다. 인간이 결코 만들 수 없는 풍경입니다.

하지만 이 모든 것을 없애는 한 방이 바로 제네바입니다. 이른 아침 칼빈의 무덤을 찾았습니다. 시민 공동묘지에 묻힌 칼빈의 무덤을 보았습니다. 칼빈은 자신을 성인으로 만들지도 말고 찾지도 말라고 하였습니다. 그래서 베자 외 몇 명만 장례식을 치렀

•칼빈의 무덤
•칼빈의 비석

•바스티옹 공원 전경, 맞은편이 제네바 아카데미
•기욤 파렐, 칼빈, 데오도레 베자, 존 녹스

습니다. 그토록 사랑하였던 제네바 성도들의 그의 마지막을 보지 못했습니다. 그리고 J.C 두 글자만 남겼습니다. 그렇게 수백 년을 흘렀습니다. 아무도 몰랐던 칼빈의 무덤이 제네바 국회의원의 노력으로 발견되었고 작은 울타리를 두르고 새로운 비석을 놓았습니다. 여전히 주변 시민 무덤에 비하면 초라합니다.

칼빈의 무덤은 로마 가톨릭에서 성인이라 떠받드는 이들과 바티칸 지하에 묻혀있는 이들과 비교할 때 분명한 메시지를 주고 있습니다. 찾지 말라는 유언을 뒤로하고 찾아간 곳에서 역시 칼빈이었음을 확인했습니다. 그는 죽어서도 설교하고 있었습니다.

칼빈의 무덤에 제네바 시민들은 찾아올까 생각하면서 발을 옮겼습니다. 칼빈은 (1509-1564) 프랑스 누아용에서 태어났으며 54세에 제네바에서 주님 품에 안겼습니다. 오를레앙 대학에서 법학을 공부하고 인문주의에 영향을 받았습니다. 칼빈은 루터의 교회개혁을 알고 있었고 영향도 받았습니다.

초기의 칼빈은 조용한 개혁을 원하였습니다. 그러다 1536년 제네바에 오게 됩니다. 이때 기욤 파렐(1489-1565)은 칼빈을 향하여 준엄한 말을 합니다.

"전능하신 하나님의 이름으로 말하노니 하나님의 부르심에 귀를 기울이지 않는 한, 나는 하나님께서 그대의 휴식과 공부를 저주하시길 바라오."

칼빈은 이 말을 하나님의 음성으로 듣고 제네바 교회 개혁의 지도자가 됩니다. 칼빈은 이렇게 회상하였습니다.

"이때 나는 파렐의 무서운 엄명에 두려워 견디지 못해 몸이 떨렸다. 그의 음성이 마치 높은 보좌에서 들려오는 하나님의 음성과도 같았다."

칼빈은 이러한 동지들의 도움으로 교회 개혁을 완수하게 됩니다. 이 모습은 바로 제네바 대학에 속해 있는 '개혁자들의 벽'에서 볼 수 있습니다. 우선 그 웅장한 조각에 놀랐습니다. 개혁자들의 벽에 기록된 부조에서 교회 역사의 흐름을 보았습니다.

양쪽에 마르틴 루터와 츠빙글리의 이름과 함께 칼빈의 영향을 받은 개혁자들이 있었습니다. 중앙에는 칼빈을 중심으로 파렐과 베자와 녹스가 있었습니다. 제네바 개혁의 동지들이며 프랑스와 스코틀랜드 개혁의 선구자입니다. 이로부터 대륙개혁교회와 장로교회가 나오게됩니다. 둘은 한 뿌리입니다. 장로교의 시작인 스코틀랜드의 존 녹스는 칼빈의 최고의 제자이며 베자의 절친입니다.

녹스는 칼빈의 가르침을 가장 잘 실천한 사람입니다. 그래서 같은 이름을 대륙은 개혁교회로 스코틀랜드는 장로교회로 부릅니다. 다만 대륙교회가 웨스트민스터 신앙고백서를 교회의 일치 신조로 모두 받지 않은 아쉬움이 있습니다. 그러나 하이델베르크 요리문답, 벨직 신앙고백서, 돌트 신경은 모두 함께 받습니다. 그리고 시편찬송을 부릅니다. 그런 의미에서 한 교회라 할 수 있습니다.

칼빈의 영향을 잘 보여주는 것이 '개혁자들의 벽'입니다. 프리드리히 빌헬름 1세, 침묵공 빌럼, 크롬웰, 콜리니, 로저 윌리암스, 보치커이 등은 칼빈 시대에 혹은 칼빈 이후에 영국, 미국, 프랑스 등 자신의 나라에서 교회를 개혁한 사람입니다.

• 바스티옹 공원 개혁자 상 전경

• 1536년 5월 21일, 제네바가 개혁교회를 공식적으로 받아들인 날
• 1602년 12월 12일, 사보이아 공작의 공격으로부터 제네바의 독립을 지킨 날

• 침묵공 빌럼(기욤 르 타시튀른)(위 왼쪽)
• 로저 윌리엄스(위 오른쪽)
• 이슈트반 보치커이(아래 왼쪽)
• 올리버 크롬웰(아래 오른쪽)

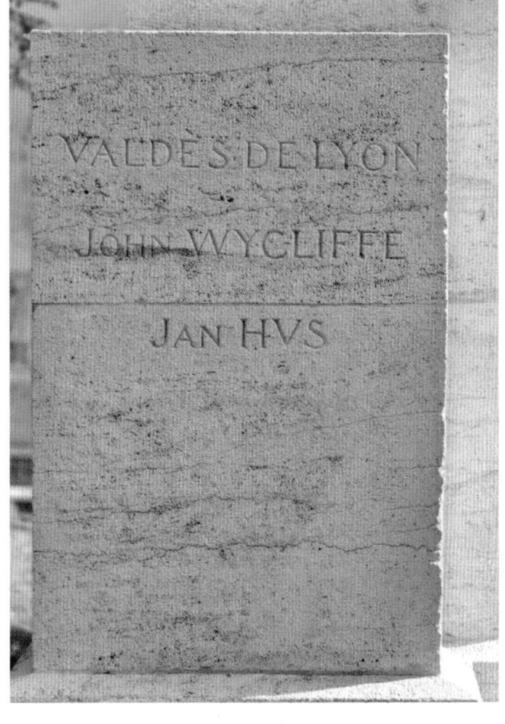

- 콜리니 장군(위 왼쪽)
- 발도, 위클리프, 후스(아래 왼쪽)
- 프리드리히 빌헬름 1세(위 오른쪽)
- 츠빙글리(중간 오른쪽)
- 마르틴 루터(아래 오른쪽)

이들이 있었기에 오늘 개신교회가 존재하였습니다. 성경이 말하는 참된 교회를 세울 수 있었습니다. 칼빈은 일생 동안 가르치고 설교하고 선교하였습니다.

그 현장이 제네바 대학입니다. 개혁자들의 벽을 마주보고 있는 곳이 제네바 대학입니다. 이곳은 칼빈이 세운 제네바아카데미에서 시작하였습니다. 츠빙글리의 취리히 대학, 칼빈의 제네바 대학을 보면 개혁자들의 마음이 어디에 있는지 알게 됩니다. 교회개혁지 탐방이 주는 도전이라 생각합니다.

칼빈이 평생 설교하였던 성 피에르 교회는 여전히 칼빈의 후예들이 지키고 있었습니다. 주일에 개혁자들의 공원에서 예배하고 칼빈이 살았던 집을 탐방하고 피에르 교회로 갔습니다. 밖은 어수선하였지만 예배당은 정숙하게 예배하고 있었습니다.

높은 설교단에서 설교하는 설교자를 보니 가슴 뛰고 눈물이 나는 감동이 밀려왔습니다. 잠시 기도하고 설교가 끝나고 단에서 내려오는 모습이 감사했습니다.

주님 맞이하는 교회가 되는 것을 기도하고 소망하고 있는데 성 피에르 교회는 500년을 지키고 있었습니다. 우리 교회도 그렇

•생 피에르 교회 2023년 예배 장면

•생 피에르 교회

JOHN KNOX
REFORMATEUR CALVINISTE ECOSSAIS
ÉLU PASTEUR DE LA COLONIE ANGLAISE
ET BOURGEOIS DE GENÈVE
PRÊCHA DANS CETTE ÉGLISE
DE 1556 A 1559

게 되기를 기도했습니다. 너무 아름다워서 사진을 담고 싶었지만 예배 중이라 담을 수 없었습니다.

성 피에르 교회를 뒤로하고 오른편에는 칼빈의 오라토리움 즉 강당이 있습니다. 이곳은 현재 불어권 예배를 드리고 있습니다. 막 예배가 시작하는 것 같아서 빠르게 사진에 담았습니다. 칼빈의 강당인 이곳은 녹스 예배당이라고 불리기도 합니다. 그 이유는 존 녹스가 이곳에서 칼빈에게 가르침을 받았기 때문입니다. 녹스만이 아니라 많은 개혁자들이 공부하였던 곳입니디.

예배당과 설교단 그리고 강당을 본 것은 참으로 감사했습니다. 개신교의 뿌리가 여기에 있기 때문입니다. 칼빈이 없는 개신교회는 생각할 수 없습니다. 그 열매는 신앙고백서로 나타납니다. 초기의 스위스 신앙고

백서, 아우크스부르크 신앙고백서(루터), 스코틀랜드 신앙고백서(장로교, 1560), 하이델베르크 요리문답(대륙개혁교회, 1562), 벨직 신앙고백서(네덜란드), 그리고 중기의 돌트 신경, 영국교회 39개조(영국 성공회), 후기의 웨스트민스터 신앙고백서(장로교), 제2차 런던신앙고백서(침례교), 사보이선언(회중교회)입니다. 이 모두는 17세기의 열매입니다.

• 생 피에르 교회 설교단 뒤에 있는 칼빈의 의자
• 칼빈의 강당은 존 녹스가 영어권 망명자를 위하여 사역하였기에 녹스 예배당이라고 불림
• 칼빈의 강당 내부
• 칼빈 강당 내 칼빈과 녹스 소개
• 칼빈의 강당 전경

그리고 18세기 위대한 부흥의 시대가 옵니다. 칼빈주의 감리교도인 조지 휫필드와 절친인 알미니안 감리교도 존 웨슬리가 등장합니다. 모두 개신교입니다. 여기서부터 성결교와 순복음 운동이 뻗어 나갑니다. 이렇게 볼 때 제네바의 칼빈은 매우 중요합니다. 5세기 아우구스티누스의 신학을 온전하게 계승하여 본래의 교회로 회복하는 일에 매듭을 지었습니다.

칼빈 역시 많은 책과 설교집을 남겼습니다. 거기에 주석도 남겼습니다. 그 가운데 최고봉은『기독교 강요』입니다.

제네바의 뒷골목을 내려오면서 교회를 사랑하여서 일평생 헌신하고 바람처럼 사라진 칼빈이 고맙고, 감사하고, 미안하고 두려웠습니다.

•칼빈의 사택
•칼빈의 사택 입구
•베로나 전경

# 14

베로나

## 쉼표가 있는 아레나

하나님은 6일 동안 창조를 하시고 7일째 되는 날 안식하셨습니다. 그리고 이 날을 예배의 날로 선포하셨습니다. 쉼은 새로운 활력을 가져다줍니다. 사람만이 아닙니다. 동물들도 쉬게 하셨습니다. 그리고 땅도 안식년을 주셔서 쉬게 하셨습니다. 쉼을 통하여 새 힘을 주시기 위함입니다.

베로나가 그런 쉼의 장소라 할 수 있습니다. 베로나에 있는 아레나는 검투사들의 경기장이자 사람을 죽이던 로마의 원형 경기장이었지만 지금은 아름다운 음악이 울려퍼지는, 세계에서 가장 유명한 오페라 야외음악당이 되었습니다.

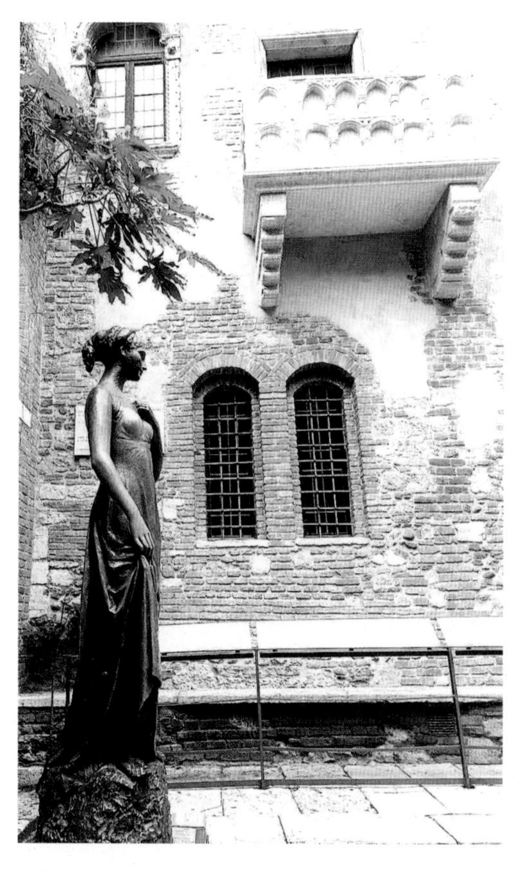

또한 세익스피어의 위대한 작품인 『로미오와 줄리엣』의 배경이자 줄리엣의 집이 있습니다. 물론 소설 속 집을 마치 현실에 있는 것처럼 꾸며놓은 것이지만 줄리엣을 생각하게 합니다.

그리고 잠시지만 단테가 머물면서 작업을 하였던 도시입니다. 또한 이탈리아 여행의 작가인 괴테가 여행의 시작으로 삼은 것이 바로 베로나입니다. 괴테가 보았던 아레나 경기장은 지금의 감성과는 다른 모습이었습니다.

이렇게 멋지고 많은 추억이 있는 아름다운 도시이지만 마음껏 즐길 수 없었던 아쉬움이 남았습니다. 줄리엣을 보고 싶었지만 너무 많은 사람들이 몰려와서 단체 여행객들에게는 사치였습니다.

- 줄리엣의 동상과 테라스
- 베로나 아레나 음악당
- 베로나 단테 동상
- 에르베 광장과 제노동상
- 브라 광장 커피가게

하루 종일 머물러도 모자랄 곳인 아름다운 베로나는 오히려 정신없이 지나야 했습니다.

베로나는 종교개혁의 역사에는 중요한 기록이 없지만 이곳에 처음 교회를 세운 제노는 아타나시우스를 따라서 이단이었던 아리우스파를 분별하게 해주었던 귀한 지도자였습니다(371년 사망). 밀라노의 암브로시우스와 함께 교회가 타락하기 전 초대 교회의 핵심적인 지도자였습니다. 제노 교회는 멀리 떨어져 있어서 가보지 못했습니다.

베로나에도 전망대가 있어서 한눈에 도시를 볼 수 있었는데 일행 가운데 한 사람만 용감하게 등정하고 왔습니다. 베로나는 아주 고즈넉한 도시였습니다. 브라광장에서 에스프레소 한 잔 하고, 골목길에서 먹은 단 젤라토가 기억이 납니다. 씁쓸한 기억이 있지만 그것은 추억으로 남겨두고 왔습니다.

# 15

## 밀라노

# 칙령의 땅에서 문화의 땅으로

밀라노를 생각하면 초대교회의 영광과 쇠락을 함께 생각하게 됩니다. 초대교회가 받은 박해는 끔찍하였습니다. 끝날 것 같지 않은 박해가 지속되었습니다.

그러나 하나님의 손은 계속하여 작동하였습니다. 콘스탄티노플의 황제 콘스탄티누스가 313년에 칙령을 내려서 기독교를 인정합니다. 박해도 말고, 재산도 인정해 주고, 카타콤이 아닌 지상의 삶을 살 수 있게 합니다. 이것이 바로 밀라노 칙령입니다. 칙령의 공식적 발표는 튀르키예에서 있었지만 작성은 밀라노였습니다.

화려한 도시 밀라노는 하나님의 위대한 역사가 남아 있는 곳입니다. 밀라노에는 기독교 역사의 위대한 두 사람이 있습니다. 바로 암브로시우스(340–397)와 아우구스티누스(354–430)입

니다. 이들이 있을 때는 교회가 말씀에서 멀어지지 않았습니다. 성인 숭배도 비판하였으며, 말씀을 강조하였습니다. 암브로시우스의 설교를 듣고 아우구스티누스는 회심하여 교회사의 기둥이 되었습니다.

아우구스티누스가 암브로시우스의 설교를 들을 수 있었던 것은 어머니 모니카 때문입니다. 모니카는 아우구스티누스에게 암브로시우스의 설교를 듣도록 하였습니다. 그리고 교회사의 빛을 비추는 일을 하게 하였습니다. 그 장소가 바로 밀라노입니다.

영광의 장소를 가보지 못했지만 그 곁을 지나면서 기도하였습니다. 도시와 교회를 지킨 위대한 설교자였습니다. 392년에 기독교를 국교로 선언한 데오도시우스 1세가 데살로니가 사람들을 무참하게 진압하고 죽이자 암브로시우스는 회개할 것을 요청하고 교회 출입을 금하였습니다. 왕은 당당하게 교회에 왔지만 암브로시우스는 교회 문 앞에서 계속 막았습니다. 마침내 왕은 회개하고 예배당에 들어오게 됩니다. 영적인 권위가 얼마나 중요한지를 보여준 사건입니다. 지금도 밀라노에서는 암브로시우스 축제가 열립니다.

그러나 밀라노는 또다른 역사를 보여줍

| •스포르체스코 성 | •두오모 성당 및 광장<br>•레오나르도 다빈치 동상 |
|---|---|

니다. 칙령의 도시에서 르네상스 문화의 도시로 이어집니다. 밀라노의 대표적인 성이 스포르체스코 성입니다. 이 성의 설계자가 르네상스의 천재 레오나르도 다빈치입니다. 또한 이 성에는 미켈란젤로의 마지막 작품에 속하는 〈피에타〉가 있습니다. 그러나 최고의 작품은 레오나르도 다빈치의 〈최후의 만찬〉입니다. 밀라노의 산타 마리아 델레 그라치에 성당에 있습니다. 입장료를 내고 23명의 인원이 딱 15분만 볼 수 있습니다.

- 산타 마리아 델레 그라치아 성당
- 최후의 만찬
- 스칼라 극장
- 빅토리오 에마누엘레 2세 갤러리아, 쇼핑센터
- 최후의 만찬 맞은편에 있는 몬토르파노의 십자가

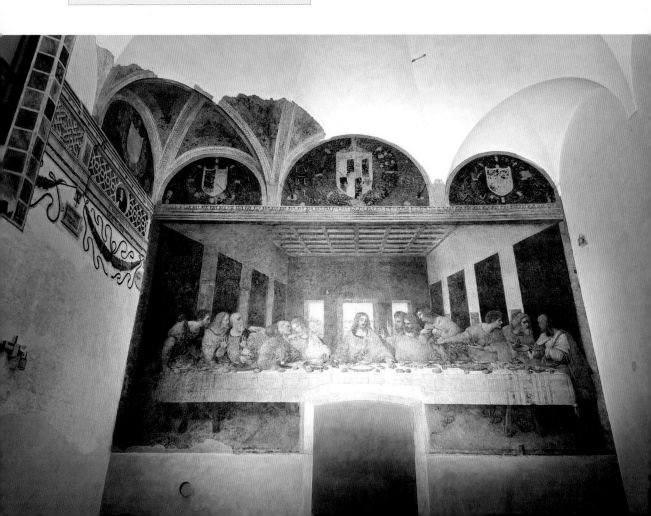

그 짧은 시간이었지만 감동적이었습니다. 르네상스 예술답게 제자들의 얼굴에 감정이 세밀하게 그려져 있습니다. 자세하게 볼 수 있는 시간이 적었지만, 눈에 가득 담았습니다. 레오나르도 다빈치가 하나님을 인격적으로 만났는지는 모릅니다. 그러나 그의 재능은 시간이 흘러도 말하고 있습니다.

지금 밀라노는 화려한 패션의 도시입니다. 이탈리아 최초의 스타벅스가 생긴 곳입니다. 수많은 사람이 방문합니다. 하지만 밀라노는 위대한 하나님의 사람들이 기초를

세운 도시입니다.

역사의 한 점에서 성찰할 수 있었습니다. 화려한 밀라노 대성당 앞에서 그리고 세계 명품의 거리에서 레오나르도 다빈치의 동상과 최후의 만찬 앞에서 길을 잃지 않은 것은 암브로시우스와 아우구스티누스가 있었기 때문입니다.

• 이탈리아 최초의 스타벅스 • 시뇨리아 광장과 시청사
• 몽블랑

# 16
## 피렌체

# 피렌체, 개혁의 도시에서 르네상스의 꽃으로

중세의 세계관은 이분법입니다. 세계를 은총과 자연으로 분리했습니다. 프란시스 쉐퍼는 중세의 세계관을 이렇게 구분하였습니다.

> 은총은 상층부이고 창조주 하나님, 하늘과 하늘에 속한 것들, 보이지 않는 것과 이것이 땅에 미치는 영향, 통일성, 혹은 존재와 도덕에 의미를 주는 보편자나 절대자.
> 자연은 하층부로서 피조물, 땅과 땅에 속한 것들, 보이는 것과 인과적 우주에 발생하는 것, 인간으로서 땅에서 하는 일, 다양성 혹은 개체 사물, 개별자 혹은 사람의 개별적 행위들.

이러한 중세의 세계가 균열을 일으키고 새로운 세대를 맞이하게 된 근저에는 13세기의 인물 토마스 아퀴나스가 있습니다. 아퀴나스는 아리스토텔레스의 철학을 통하여 신학을 집대성하였습니다. 이것은 중세에 대한 도전이었습니다.

아퀴나스는 아우구스티누스가 말한 타락론에서 벗어났습니다. 전적 타락이 아니라 부분적 타락입니다. 전적 타락의 관점에서 본다면 자연의 세계는 은총의 세계를 넘볼 수 없습니다. 그래서 중세의 모든 그림에서 자연은 보이지 않습니다. 사람의 얼굴도 실제의 모습이 아닌 상징입니다. 모든 그림이 교회에 그려졌기에 자연의 세계가 은총의 세계에 들어올 수 없습니다.

그런데 아퀴나스는 사람은 의지는 타락하여서 아무것도 할 수 없지만, 지성은 타락하지 않았다고 주장하였습니다. 로마 가톨릭의 가장 위대한 신학자가 『신학대전』이라는 방대한 책에서 주장하였습니다. 그러자 세상이 움직이기 시작하였습니다(프란시스 쉐퍼의 『이성에서의 도피』).

14세기에 시작된 르네상스는 꿈틀거리기 시작하였습니다. 우선 미술에서 자연이 자리를 잡기 시작하였습니다. 다시 원근법이 도입되었습니다. 그 대표가 지오토(14세기)와 마사초(15세기)입니다. 건축에서도 고딕에서 고전양식으로 변화가 왔습니다. 특별히 돔 양식의 건물이 브루넬레스키에 의하

| | |
|---|---|
| •브루넬레스키의 돔<br>•피렌체 성당(산타 마리아 델 피오레) 전경 | •단테 부조<br>•단테의 생가 |

여 완성됩니다. 그 웅대한 모습이 피렌체 대성당입니다. 피렌체 대성당은 지오토(조토)의 종탑과 브루넬레스키의 돔으로 상징됩니다. 둘은 친구이자 르네상스를 열었습니다. 여기에 지오토의 그림처럼 글을 쓰는 친구가 나타납니다. 바로 단테입니다. 단테는 최고의 인문주의 작가입니다. 그의 대표작인『신곡』에는 르네상스의 특징인 자연과 은총의 혼합이 나타납니다. 천국의 안내자는 베아트리체이고, 지옥의 안내자는 로마의 비극 시인 베르길리우스입니다. 그리고 지옥의 악독한 죄인은 가룟 유다와 브루투스입니다. 이렇듯 르네상스는 혼합의 세계관이 나타납니다. 피렌체 대성당 안에는 단테의 초상화가 있습니다.

피렌체의 예술의 별미는 메디치 가문의 집 앞에 있는 다비드 상과 헤라클레스 상입니다. 두 상의 비교도 혼합의 양상을 보여줍니다. 그러나 미켈란젤로의 다비드 상은 성경의 다윗이 아니라 르네상스형 인간을 나타냅니다. 그의 유난히 큰 손과 할례받지 않은 모습에서 볼 수 있습니다. 물론 다르게 해석도 가능하지만 규모의 크기는 압도적입니다. 이렇게 피렌체는 르네상스의 꽃이라 할 수 있습니다.

- 산 조반니 세례당의 기베르티 황금문
- 산타 크로체 교회와 단테 동상
- 시뇨리아 광장과 지롤라모 사보나롤라 순교지

또한 피렌체에는 역사적인 인물들이 잠들어 있는 성당이 있습니다. 미켈란젤로, 갈릴레오 갈릴레이, 마키아벨리, 그리고 단테의 가묘가 있는 산타 크로체 성당입니다. 들어가지는 못했지만 성당 앞에 웅장하게 서 있는 단테의 동상만으로도 이 성당의 역사적 의미를 생각하게 합니다. 특별히 마키아벨리에 대하여 "그 어떤 천사라도 부족할 만큼 위대한 이름"이라고 쓰여 있지만, 마키아벨리는 지롤라모 사보나롤라와 대적하였고, 종교개혁이 강조하였던 성경의 기반이 없었기에 이상적 군주의 다스림이 합당하다는 『군주론』은 무솔리니와 히틀러 같은 악당을 만들어내었습니다.

하지만 피렌체에서 기억해야 할 것은 교회개혁 이전의 개혁자인 지롤라모 사보나롤라입니다. 시뇨리아 광장에서 화형당한 15

QVI
DOVE CON I SVOI
CONFRATELLI FRA DOMENICO
BVONVICINI E FRA SILVESTRO
MARVFFI IL XXIII MAGGIO
DEL MCCCCXCVIII PER INIQVA
SENTENZA FV IMPICCATO ED ARSO
FRA GIROLAMO SAVONAROLA
DOPO QVATTRO SECOLI
FV COLLOCATA QVESTA
MEMORIA

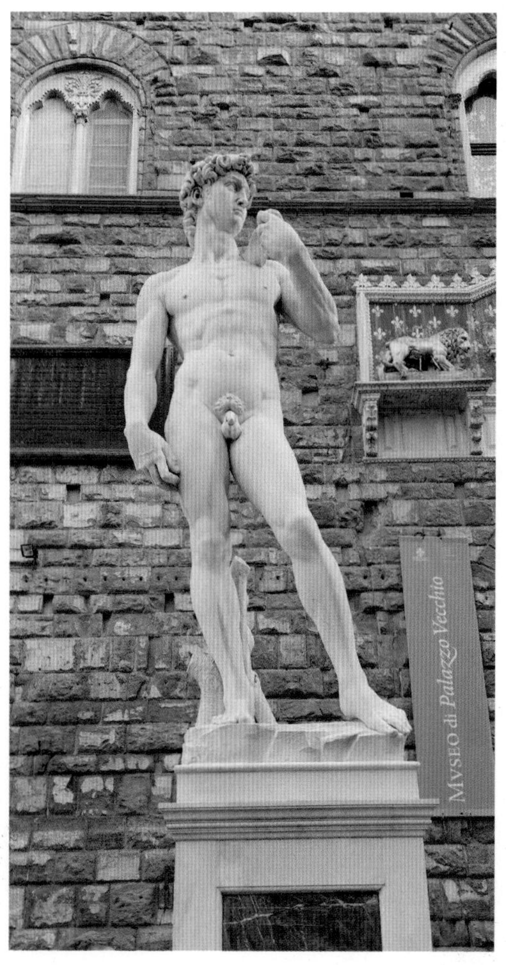


세기의 위대한 설교자이며 개혁자인 사보나롤라를 기억합니다.

지롤라모 사보나롤라가 없는 피렌체는 죽은 도시이며, 허영의 도시일 뿐입니다. 그의 순교가 피렌체의 생명을 유지합니다. 피렌체 성당도 지오토와 단테 그리고 브루넬레스키와 가베르티, 미켈란젤로, 마키아벨리, 메디치가 아닙니다. 하나님은 지롤라모 사보나롤라를 이 도시의 생명으로 삼으셨습니다.

피렌체 곳곳에 역사의 손길이 묻어 있습니다. 피렌체 공의회를 통한 동방학자들과의 교류 허락과 콘스탄티노플 함락으로 희랍학자들이 사본들을 가지고 피렌체로 온 것입니다. 이런 준비로 중세는 무너졌습니다. 그러나 종교개혁의 열매는 열리지 못했고 르네상스의 문만 활짝 열렸습니다.

역사는 아이러니합니다. 그러나 모든 것이 합력하여 선을 이룸을 봅니다. 피렌체에서 비를 흠뻑 맞았지만 감사했습니다. 서구 역사의 현장에  서 있음이 감사했습니다. 비를 맞으면서도 딸의 미션도 완수함이 소확행이었습니다.

•미켈란젤로의 다비드 상 •바티칸 광장과 베드로 성당

# 17
로마

# 종착지이자, 출발지인 로마

이번 여행에서 로마는 마지막 종점이자 새로 시작하는 출발지입니다. 체코로부터 시작하였던 여정은 로마에서 끝났습니다. 로마에 도착한 후 받은 저녁 식사는 독특하였습니다. 중국 음식이지만 이탈리아화된 음식이었습니다. 무엇이라 말을 할 수 없는 음식이었습니다. 그렇게 로마를 시작하였습니다.

로마는 서구 문명의 뿌리입니다. 서구 세계가 가지고 있는 언어와 법의 모습이 로마에서 시작되었다고 할 수 있습니다. 또한 로마 가톨릭의 본산인 바티칸이 있습니다. 바티칸은 연간 수만 명의 사람들이 몰려옵니다. 그 수입만 해도 엄청납니다.

로마의 아침은 바티칸의 베드로 성당을 보는 것이었습니다. 그러나 부활절 행사로 바티칸 광장은 수많은 인파로 가득 차 있었습니다. 마침 교종이 참여하고 강론하고 있었습니다. 처음 보는 풍경이었지만, 많은 생각을 하였습니다. 복음에서 멀어진 교회의 모습에 안타까

워하면서 루터와 츠빙글리와 칼빈의 개혁이 바티칸에까지 이르지 못함에 아쉬웠습니다. 주님 오시는 날 이 모든 것이 밝혀지겠지만, 성경을 떠난 교회의 모습은 각종 의식과 외형에 치중함이 여전히 존재하고 있음을 보았습니다.

너무 많은 인파를 뒤로하고 로마의 골목 여행을 하였습니다. 로마의 거리는 중세의 길처럼 자갈 돌로 만들어져있습니다. 그 길을 걸어서 도착한 곳은 산 루이지 프란체시 교회였습니다. 이곳에 바로크 미술의 거장인 카라바조의 〈마태의 소명〉이라는 그림이 걸려 있습니다. 많은 사람들이 이 그림을 보고자 모였습니다. 독특한 것은 그림을 보

려면 1유로를 내야 합니다. 그러면 불이 켜지고 잠시 동안 그림을 감상할 수 있습니다. 그 이유는 그림과 같이 빛을 통하여 보게 하려는 의도이기도 합니다.

예수님의 손과 베드로의 모습을 보면 카라바조는 예수님의 손을 미켈란젤로가 그린 〈천지창조〉의 아담의 손을 모델로 삼았다고 합니다. 그리고 예수님 앞에 베드로를 둠으로 로마 가톨릭이 중요시하고 있는 이가 누구인지 분명하게 보여주었다고 합니다. 그러나 이 그림에서 볼 수 있는 것은 주님이 부르심에 반응하는 마태의 모습입니다. 주변 사람들은 현실에 취해 살고 있지만 마태는 주님이 부르심을 알았습니다. '저를 부르셨습니까?' 눈을 동그랗게 뜨고 반응하는 모습을 볼 수 있습니다. 주님이 부르시면 누구라도 반응하게 됩니다. 소명은 주님이 부르시는 빛임을 보여주고 있습니다.

카라바조(1571-1610)의 그림을 뒤로하고 2000년의 역사를 가진 판테온을 보았습니다. 참으로 놀라운 구조입니다. 중앙에 구멍이 나 있지만 비가 와도 기압의 차이로 안으로 들어오지 않는다고 합니다. 이 놀라운 구조물을 보려고 각 나라의 사람들이 몰려들었습니다. 참으로 엄청난 인파를 볼 수 있었습니다. 판테온은 피렌체 성당을 만든 브루넬레스키에게 영감을 주었습니다. 그리고 이곳에는 〈아테네 학당〉을 그린 라파엘로의 무덤이 있습니다. 젊은 나이에 죽은 라파엘로는 판테온에 묻히기를 원하였습니다. 판테온은 만신전답게 각종 부조물로 채

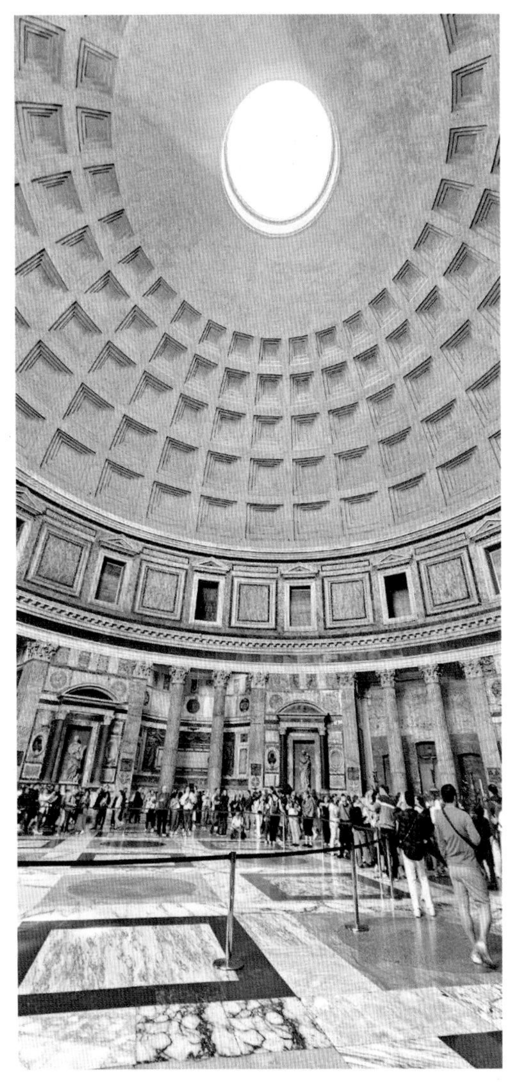

•산 루이지 데이 프란체시 성당
•카라바조의 마태의 소명
•판테온 전경
•판테온 내부

• 나보나 광장의 피우미(강)의 분수
• 바울과 베드로 감옥에 있는 동상

• 바울과 베드로의 감옥 전경

워져 있었습니다.

판테온이 로마의 명물이지만, 판테온 앞에서 마시는 에스프레소 한잔은 최고였습니다. 판테온을 지나서 나보나 광장을 지났습니다. 나보나 광장은 낮보다 밤이 더 멋있다고 하지만 낮에 보는 풍경도 좋았습니다. 광장이 매우 길쭉하였습니다. 그 이유는 도미티아누스 황제 때 사용된 경기장이었기 때문입니다.

여기에도 의미 있는 조형물이 있었습니다. 앞쪽에는 보로미니가 만든 산타녜세 인 아고네 성당이 있습니다. 그리고 분수대는 베르니니의 조형물입니다. 둘 관계는 1살 차이의 사제관계이면서 동시에 라이벌 관계입니다. 조형물의 모습에서 재미있게 표현됨을 봅니다.

웃음을 머금면서 다시금 돌아온 길을 돌아서 점심을 먹고 벤허의 전차 경기장을 돌아서 콜로세움에 이르렀습니다. 콜로세움은 웅장한 건축물이지만 초대 기독교인들에게는 끔찍한 장소였습니다. 신앙을 지키다가 순교한 자리입니다. 콜로세움 안과 밖에는 순교를 기억하게 하는 표시를 하였습니다.

PRIGIONE DEI SS APOSTOLI PIETRO E PAOLO
MAMERTINUM

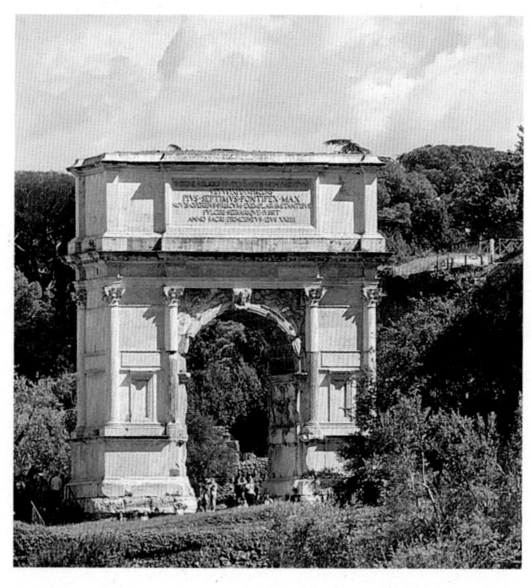

그러나 로마의 중심은 포로 로마노에 있는 바울과 베드로의 감옥 터입니다. 복음을 위하여 예루살렘를 떠나서 로마에 온 바울과 베드로는 감옥에 갇히게 됩니다. 그 감옥 터를 방문한 것은 믿음의 뿌리를 다시금 생각하게 하였습니다. 로마에는 바울이 갇힌 감옥과 잠시 머물렀던 셋방과 그리고 순교 자리가 있습니다.

로마는 사도들의 순교지였습니다. 베드로 성당은 베드로의 순교 터 위에 세워졌다고 합니다. 로마 성 안에 있습니다. 반면에 실질적으로 로마 교회에 복음을 전하고 바르게 세웠던 바울의 무덤이 있는 바울 성당은 성 밖에 지었습니다. 로마 가톨릭의 세계관을 잘 보여주고 있습니다.

• 바울과 베드로의 감옥 터
• 디도 장군의 개선문
• 스칼라 산타 전경
• 스칼라 산타 내부(좌)
• 스칼라 산타 내부에 있는 성인에게 기도하는 사람(우)

SANCTA SANCTORUM
SCALA SANTA

포로 로마노에는 AD 70년 예루살렘을 돌 위에 돌 하나도 없이 파괴하였고 예루살렘 거민 대부분을 살해하였으며, 남은 인구 2만 명 정도를 포로로 잡아왔음을 자랑하는 디도 장군의 개선문이 있습니다. 디도의 개선문은 실질적 유대인이 매우 적은 수만 남았음을 보여줍니다.

그리고 콜로세움 앞에는 콘스탄티누스의 개선문이 있습니다. 이번에는 차량을 타고 지나면서 보았습니다. 모두가 기독교 역사의 한 단면입니다.

로마의 마지막 종착지는 스칼라 산타였

•콜로세움 •포로 로마노 북쪽 입구 •옥타비아 누스 •율리우스 카이사르

습니다. 예루살렘 빌라도의 법정에서 가져온 돌로 계단을 만들고 기도의 장소를 삼고 있는 장소입니다. 큰 죄를 지은 사람 가운데 예루살렘에 가지 못하는 이들에게 사죄의 기회를 주는 곳입니다. 루터도 이곳에 와서 기도하였던 곳입니다. 계단 하나에 주기도문을 외우면서 올라갑니다. 로마 가톨릭다운 모습이라 할 수 있습니다.

오늘날 계단을 오르는 사람들은 고해성사의 의미로 오르지 않습니다. 저마다의 간절한 기도로 오릅니다. 같은 계단이 다른 의미를 가졌습니다.

계단 위에는 기도의 장소가 있습니다. 화려하게 만들어 놓은 장소는 기묘하였습니다. 그때 한 방에서 기도하고 있는 자매를 보았습니다. 그는 이름 모를 여자 상 앞에서 간절히 기도하고 있었습니다. 로마 가톨릭 교회가 만들어 놓은 성인입니다. 그런데 아이러니한 것은 반대편에는 예수님의 십자가 상이 있었습니다. 십자가 상 자체도 의미가 없지만 기도를 예수님께 하지 않고 필요에 따라 만들어 놓은 죽은 사람에게 기도하는 것에서 피 눈물로 호소하였던 루터와 츠빙글리와 칼빈이 떠 올랐습니다. 내가 무엇을 해야 할지를 다시 한번 확실하게 인식하였던 장소였습니다.

그런데 차에서 내려서 올라가는 길에서 의미심장한 동상을 보았습니다. 바로 프란체스코 동상입니다. 다른 동상과 달리 낡아 있었습니다. 프란체스코는 자발적 불편과 검소한 삶을 추구하였던 사제였습니다. 그런데 프란체스코가 바라보고 있는 건물이

A SAN FRANCESCO DI ASSISI
ROMA - LITALIA - IL MONDO
MCCXXVI MCMXXVI

바로 라테란 궁이었습니다. 화려하고 엄청난 건물을 보고 있습니다. 참으로 묘한 대조였습니다. 라테란 궁은 1215년 라테란 공의회가 열린 곳이고 이때 발도파를 이단으로 결정한 장소입니다. 이때 발도파는 이탈리아 피에몬테와 프랑스 뤼베롱 지역(메랭돌)으로 피신하고 오랜 시간 계곡에서 숨어 신앙을 지키며 교회개혁의 날을 기다립니다. 하지만 개혁의 불길이 일어난 후 1540년 3월에 발도파에 대한 공개처형이 선언됩니다. 그리고 1545년과 1565년에 수많은 발도파들이 순교합니다.

이러한 장면과 역사를 생각할 때 바른 교회가 가야 할 길이 어디에 있어야 하는지 한번 더 생각하였던 순간이었습니다. 지금은 프란체스코 수도원은 큰 부자입니다. 의미는 사라지고 외형만 남았습니다. 말씀에서 떠나면 나타나는 현상입니다. 교회도 예외가 아닙니다.

로마의 길에서 교회가 가야 할 모습을 보았습니다.

• 프란체스코 동상

• 라테란 궁전
• 천사의 성

# 종교개혁지 역사탐사대

체코, 독일, 스위스, 이탈리아

인천공항 출발

체코
비투스 성당

체코
얀 후스 동상

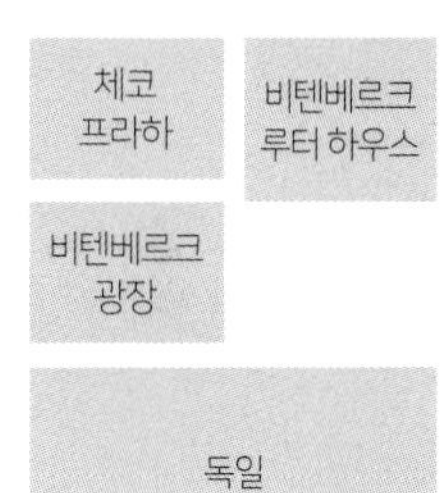

체코
프라하

비텐베르크
루터 하우스

비텐베르크
광장

독일
비텐베르크 교회

① ②

③

① 아이제나흐 바흐 생가
② 아이제나흐 바흐 동상
③ 바르트부르크

① 독일 보름스 성당
② 독일 보름스 루터 공원
③ 제네바 바스티옹 공원, 개혁자 동상

루체른
필라투스

제네바
칼빈 무덤

밀라노
다빈치 동상

피렌체
지롤라모 사보나롤라 순교지

피렌체
단테 생가

로마
바티칸 광장

로마
바울과 베드로 감옥터

로마
콜로세움

로마
레오나르도 다빈치 공항

교회개혁과 회복의 역사

# 후기

2023년의 아름다운 발걸음을 끝냈습니다.

함께하였던 동료들이 있었기에 아름다운 탐사가 가능하였습니다.

다시금 시간이 주어져서 또 다른 길을 갈 수 있기를 소망합니다.

**뒷줄** 왼쪽부터 유복상, 안승우, 이미영, 박은철, 신동식, 신덕례, 최성호, 배민석, 정희진, 서영주, 안효천, 장영학, 유선영

**앞줄** 왼쪽부터 정해동, 나원준, 이승화, 유관재, 김영기, 이기훈, 김명수, 김동귀, 김희열